눈으로 풀면 머리에 스쳐가고
손으로 풀면 머리가 기억한다.

아이와 함께 하는 40가지 수학놀이

수학실험마당

재미놀이

청송문화사

아이와 함께 하는 40가지 수학놀이
수학실험마당
재미놀이

1
1. 모양의 합성(팽이)⋯⋯⋯⋯12
2. 같은 모양 네배로 키우기⋯⋯⋯⋯14
3. 시소 놀이⋯⋯⋯⋯16
4. 색종이 한 번 접어 오리기 ⋯⋯⋯⋯20

2
5. 뫼비우스의 띠⋯⋯⋯⋯26
6. 만년달력 만들기⋯⋯⋯⋯30
7. 구멍을 건너뛰는 구슬⋯⋯⋯⋯32
8. (쉬어가는 코너)사자 동물원 ⋯⋯⋯⋯35

3
9. 유리구슬 멀리가기⋯⋯⋯⋯42
10. 두 조각 연결하기⋯⋯⋯⋯46
11. 세 조각 연결하기⋯⋯⋯⋯51
12. 동전 나열하기 ⋯⋯⋯⋯55

4
13. 정사각형 연결하기⋯⋯⋯⋯58
14. 정삼각형 연결하기⋯⋯⋯⋯62
15. 삼각형 분류하기⋯⋯⋯⋯66
16. 직각삼각형으로 정사각형 두 개 만들기⋯⋯⋯⋯68

5
17. 4색 지도 만들기⋯⋯⋯⋯72
18. 가오리 무늬 채우기⋯⋯⋯⋯76
19. 9조각 퍼즐⋯⋯⋯⋯78
20. 동전 세우기 ⋯⋯⋯⋯82

6
21. 나사선 만들기…………86
22. 가장 짧은길 찾기…………88
23. 사각형의 네 각을 연결하면?…………90
24. (쉬어가는 코너)찌그러진 타원 …………96

7
25. 정삼각형 만들기…………98
26. 마름모가 정육각형으로…………100
27. 정사각형 두 개 만들기…………102
28. (쉬어가는 코너)반원으로 정사각형 만들기 …………104

8
29. 정사면체 만들기…………106
30. 스도쿠 숫자 가리기…………110
31. 틱택토 게임…………114
32. 원기둥 나누기 …………116

9
33. 공모양 구 관찰하기…………122
34. 공모양 자른면 알기…………124
35. 주차장 놀이…………126
36. (쉬어가는 코너)큰 원이 작은 원 속으로…………136

10
37. 주사위 던지기…………138
38. 주사위 굴리기…………140
39. 올바른 주사위 모양 찾기…………146
40. (쉬어가는 코너)참새는 몇마리…………148

부록 쌓기나무 놀이

01. 쌓기나무와 개수세기…………150
02. 쌓기나무 옮기기………152
03. 쌓기나무와 모양 익히기…………154

놀이가 곧 교육입니다

1 모양의 합성 [팽이]

놀이목표
회전체의 모양 알기

준비물

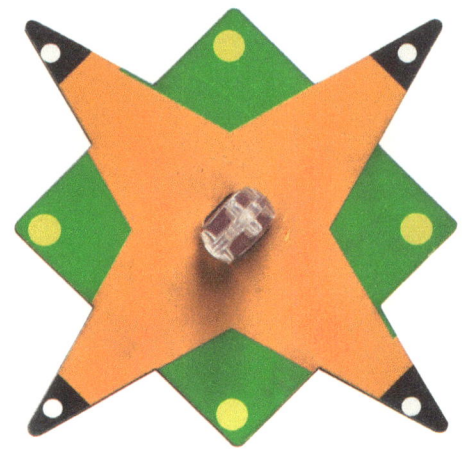

종이 팽이

놀이방법
1. 종이 팽이를 돌려 회전체를 관찰한다.

지도사항
1. 종이 팽이를 돌리기 전에 돌렸을 때의 회전 모양을 이야기 하게 한다.
2. 모양의 합성에 대해 이야기 하고 팽이를 돌려가면서 확인한다.

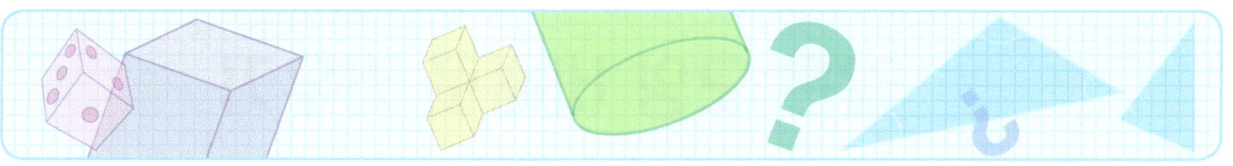

팽이 돌리기

외형의 모양을 유심히 살펴보면서 팽이를 돌리기 전의 모양을 관찰한다.

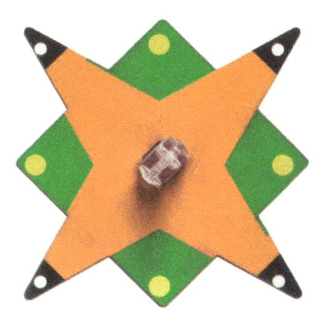

팽이가 돌기 시작할 때의 천천히 도는 모양을 관찰한다.

팽이가 빠르게 돌았을 때의 모양을 관찰한다. 외형의 모양이 원형으로 바뀌어 보이는 것을 확인할 수 있다.

2 같은 모양 네배로 키우기

놀이목표
주어진 조각을 네배로 키우기

준비물

같은 모양 퍼즐 조각 4개, 네배 놀이판

놀이방법

1. 주어진 퍼즐 조각의 특징을 관찰한다.
2. 주어진 퍼즐 조각 4개를 연결하여 모양은 똑같고 크기는 네배인 네배 놀이판을 완성한다.

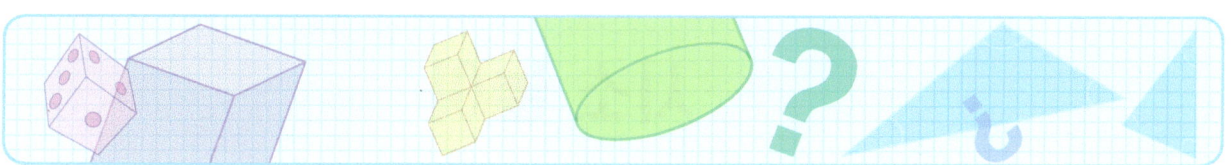

지도사항

1. 주어진 퍼즐 조각을 모양은 같고 크기만 네배가 되도록 맞춘다.

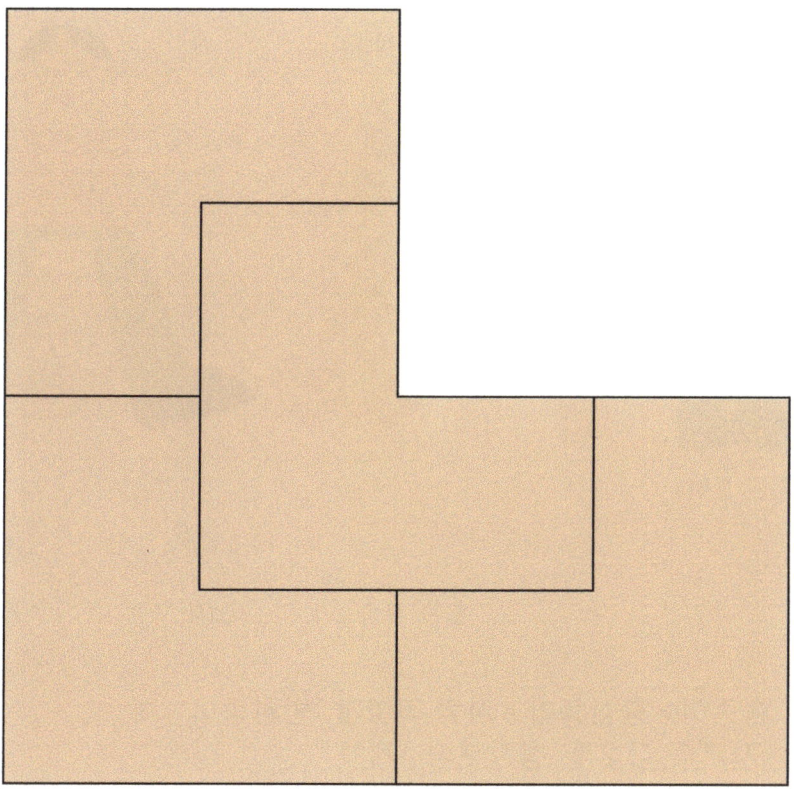

[Tip]

이렇게 주어진 퍼즐 조각처럼 같은 모양으로 커지는 퍼즐을 [자가 복제 퍼즐]이라고 하며 그 종류는 많지 않다.

3. 시소 놀이

놀이목표

시소 놀이에서 흔들흔들하는 반복운동 관찰하기

준비물

시소종이 · 기둥종이 · 중심종이 · 사람 각 2개, 받침종이 1개,
일자부속 · ㄱ자부속 각 2개, 십자부속 1개

놀이방법

1. 조립 순서에 맞게 시소를 만든다.
2. 사람을 살짝 건드려 흔들거리게 한다.
3. 흔들흔들 반복 운동을 관찰한다.

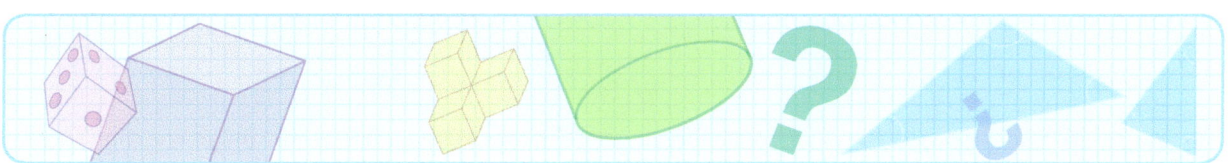

지도사항

1. 시소가 위에서 아래로 다시 위로 돌아오는 것을 관찰한다.
2. 시소처럼 반복운동 하는 것을 주위에서 찾아본다.(시계추, 오뚜기, 그네 등등)

만드는 방법-기둥

[Tip]

이와 같이 시소나 시계추 등 반복적으로 움직이는 시간을 주기라고 한다. 시간을 정하여 반복운동하는 횟수를 세어서 주기를 계산해 볼 수 있다.

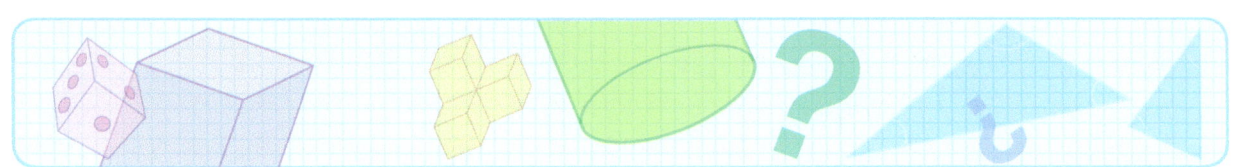

만드는 방법-시소

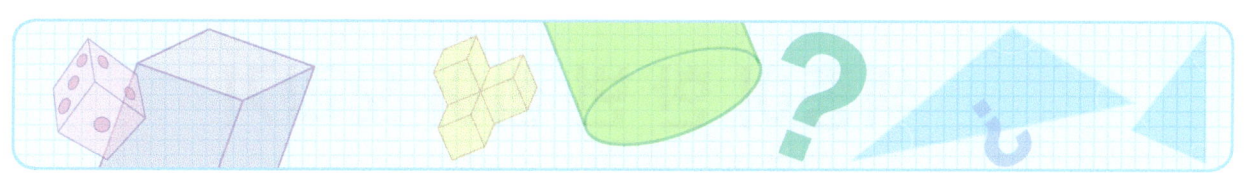

완성된 모양

4 색종이 한 번 접어 오리기

놀이목표

제시 모양대로 색종이를 한 번 접어 오린다.

준비물

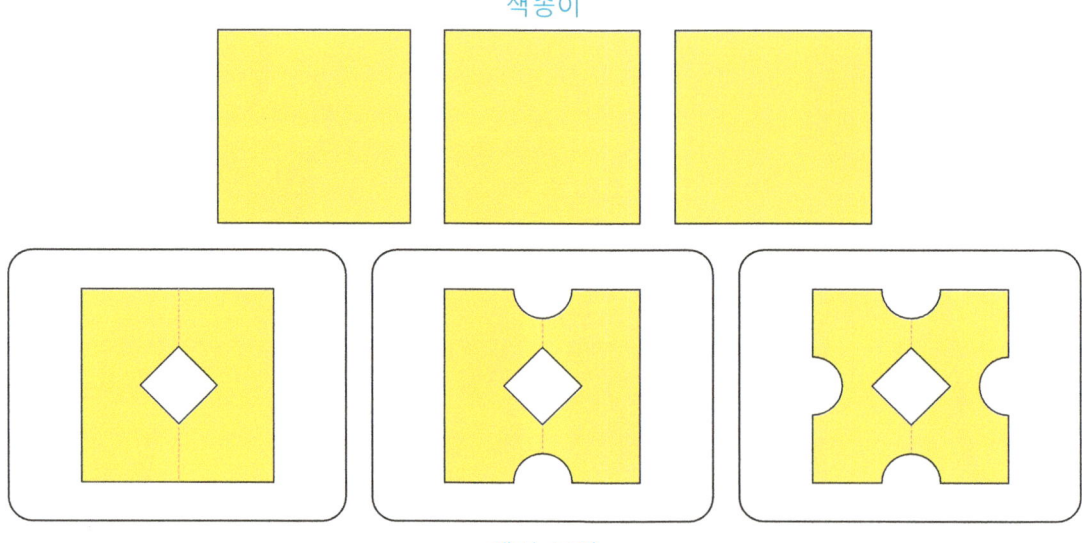

색종이 3장, 제시 모양, 가위

놀이방법

1. 주어진 제시 모양을 관찰한다.

2. 제시 모양에서 대칭이 되는 중심 부분을 찾는다.

3. 색종이를 한 번 접어 제시 모양과 같은 모양이 되도록 가위로 오린다.

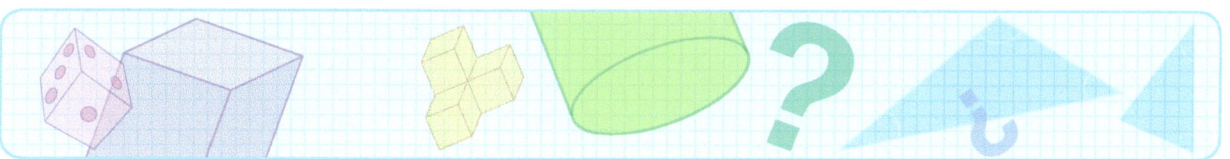

지도사항

1. 대칭에 관한 문제이다.
2. 먼저 한 번 접었다 폈을 때의 모양을 떠올린다.
3. 가능한 안전 가위로 오리고 오리는 것을 어려워 하면 부모(교사)가 오려준다. 이때 아동의 연령이나 인지력에 따라 부모 또는 교사가 직접 색종이에 연필로 오릴 선을 그려 준 후 아동이 따라서 오리도록 하여도 된다.
4. 제시 모양과 완전히 일치할 수는 없다. 모양이나 위치가 비슷하면 된다.

한 번 접기 모양

1. 색종이의 반을 아래처럼 접었다 편다.

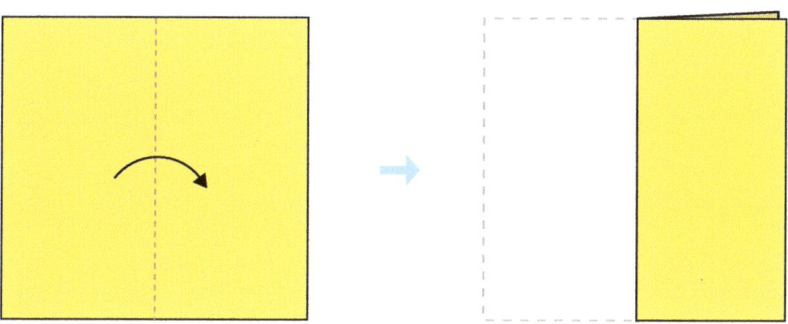

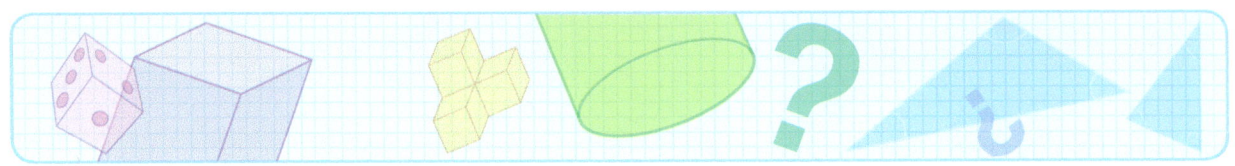

제시 모양. 1

반을 접어 오렸을 때 하얗게 처리된 부분이 나와야 한다. 하얀 부분의 반쪽 모양을 떠올리며 오린다.

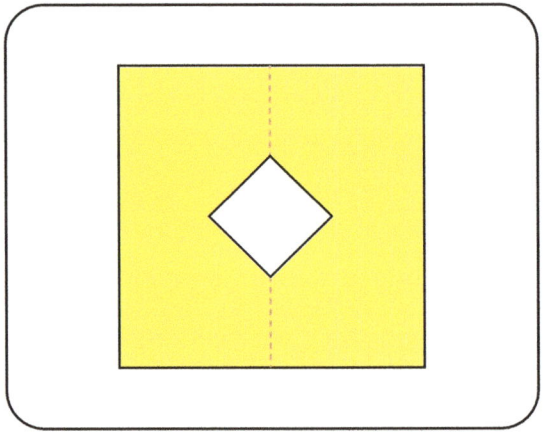

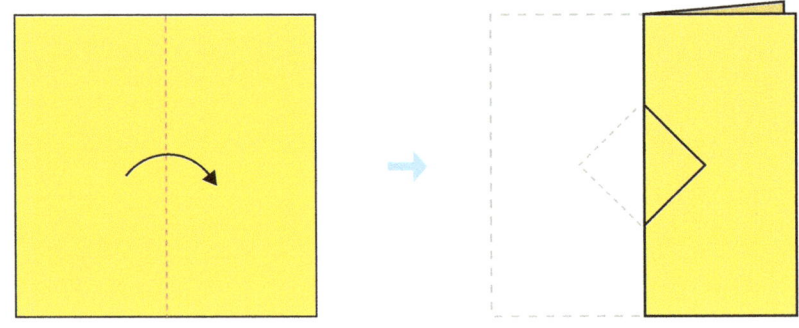

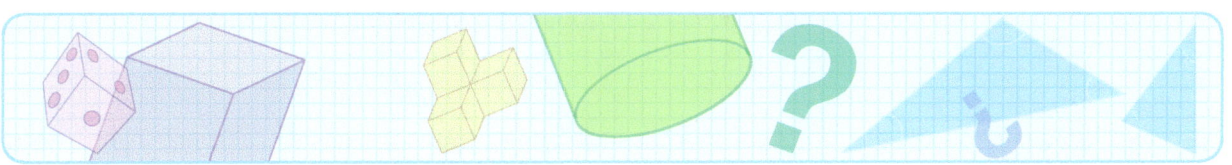

제시 모양. 2

반을 접어 오렸을 때 하얗게 처리된 부분이 나와야 한다. 하얀 부분의 반쪽 모양을 떠올리며 오린다.

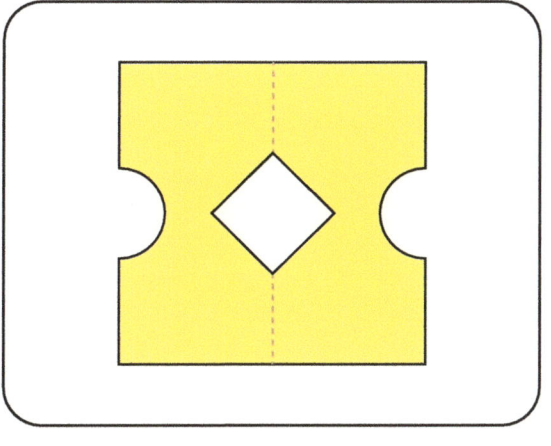

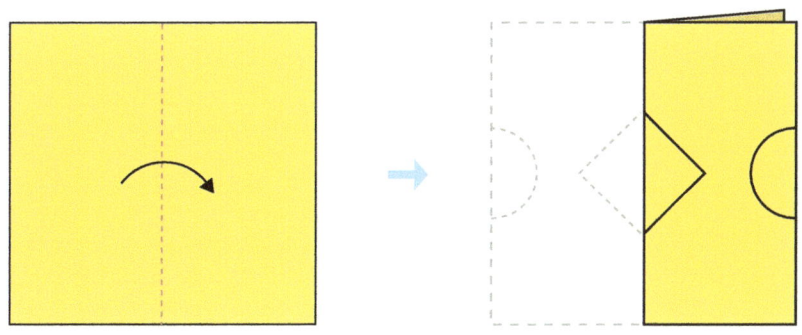

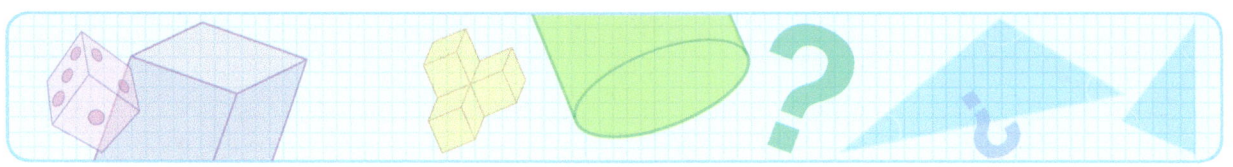

제시 모양. 3

반을 접어 오렸을 때 하얗게 처리된 부분이 나와야 한다. 하얀 부분의 반쪽 모양을 떠올리며 오린다.

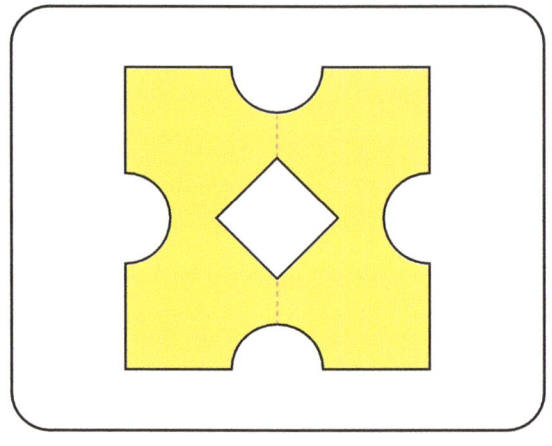

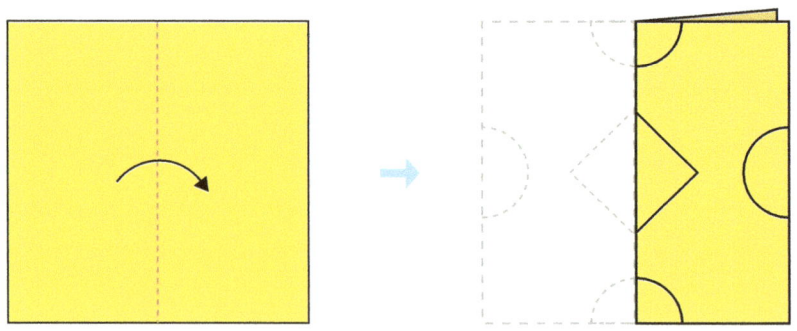

5. 뫼비우스의 띠

놀이목표
뫼비우스의 띠 이해하고 만들기

준비물
긴 종이 2장, 테이프, 가위

놀이방법

1. 긴 종이를 테이프로 붙여 고리 형태의 종이띠를 만든다.

2. 긴 종이를 빨간색면과 흰색면이 서로 마주보도록 하여 테이프로 붙여 뫼비우스의 띠를 만든다.

3. 뫼비우스의 띠에 연필 또는 볼펜으로 선을 그으면서 연결해 본다.

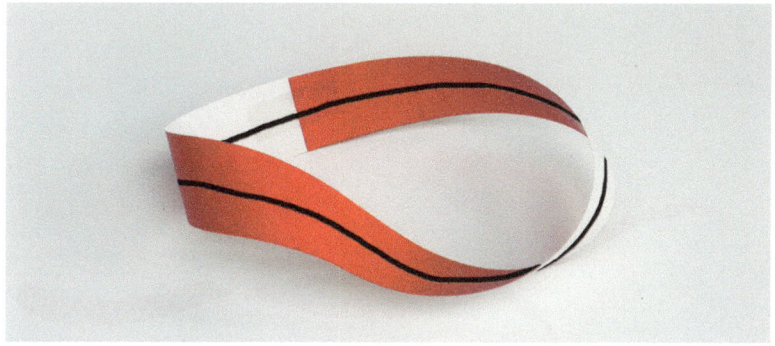

지도사항

1. 고리 모양 종이띠의 안쪽과 바깥쪽을 구별하도록 한다.
2. 주변의 사물(컵, 상자, 병 등)의 안과 밖의 구별을 이야기해 본다.
3. 뫼비우스의 띠의 안쪽과 바깥쪽의 구별을 해 본다.
4. 뫼비우스의 띠에는 안쪽과 바깥쪽의 구별이 없음을 알려준다.

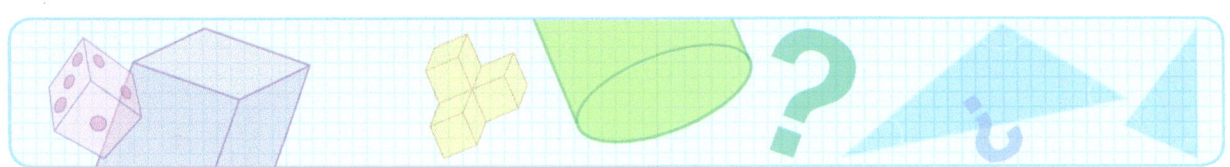

띠 자르기

1. 뫼비우스 띠의 가운데를 그림과 같이 한번 잘라 본다.

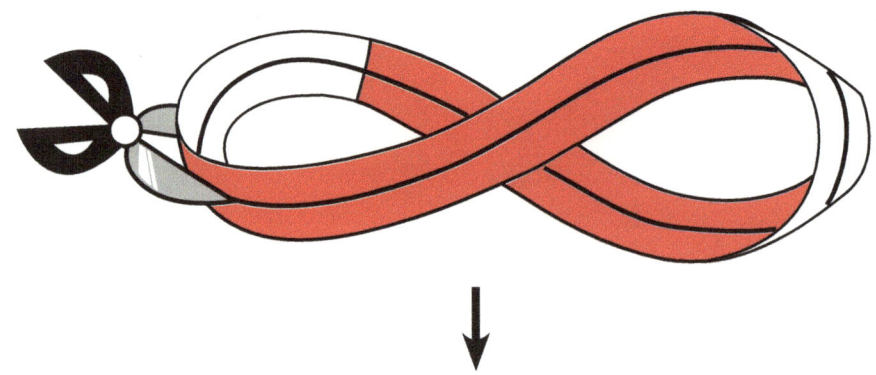

2. 뫼비우스 띠의 성질을 가지고 있지만 한번 더 꼬인 형태가 된다.

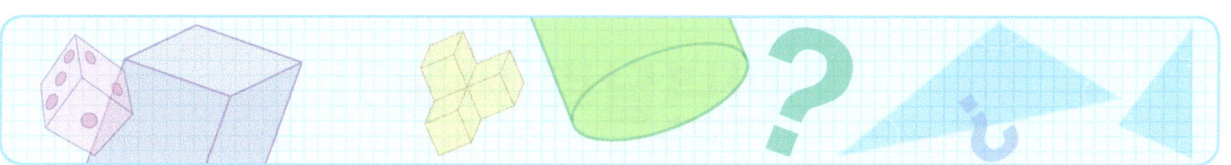

3. 한번 자른 띠를 다시 한번 칼이나 가위로 가운데를 잘라 본다.

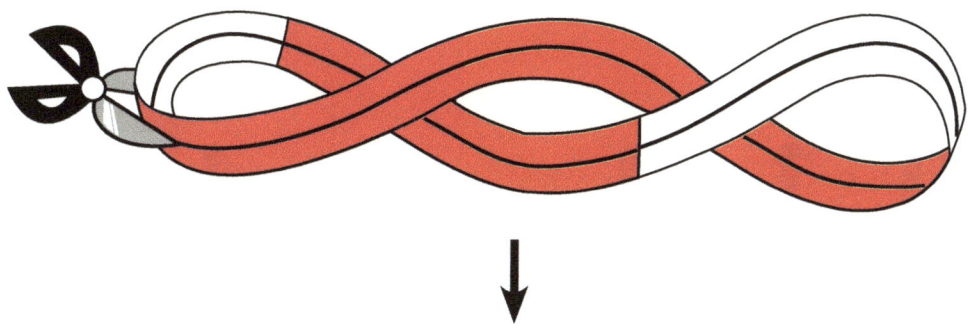

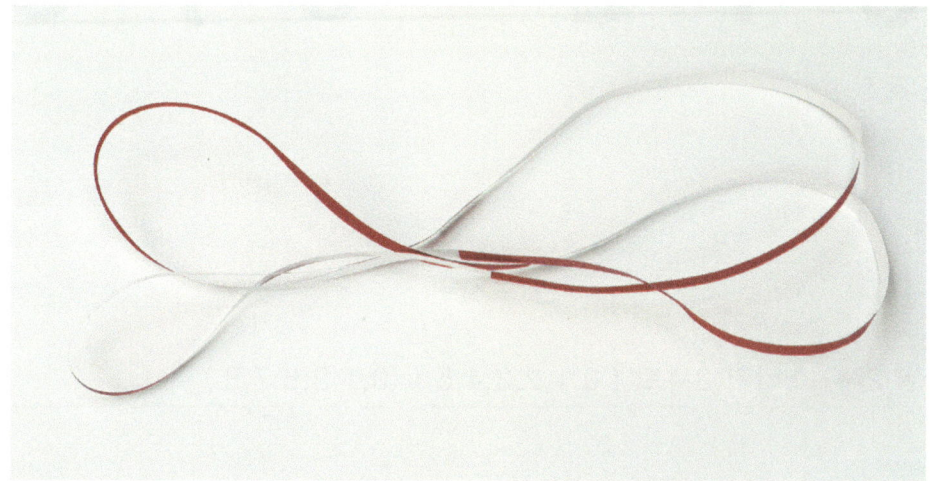

4. 두 개의 띠로 분리되면서 역시 뫼비우스 띠의 성질은 가지고 있다.

[Tip]

뫼비우스의 띠를 한 번, 두 번 잘랐을 때 모양이 변하는 것을 관찰해 본다.

6 만년달력 만들기

놀이목표

주사위 두개로 한달의 날짜 표시하기

준비물

스티커 세트

빈 주사위

빈 주사위 2개, 스티커 2세트 (0,1,2,3,4,5) (0,1,2,6,7,8)

놀이방법

1. 한달의 날짜를 알아본다. (1 부터 31)
2. 먼저 종이에 1일 부터 31일 까지의 필요한 숫자를 조합해 본다.
3. 주사위에 스티커를 붙여 만년 달력을 완성한다.
4. 두 개의 주사위로 1일부터 31일까지 나타내 본다.

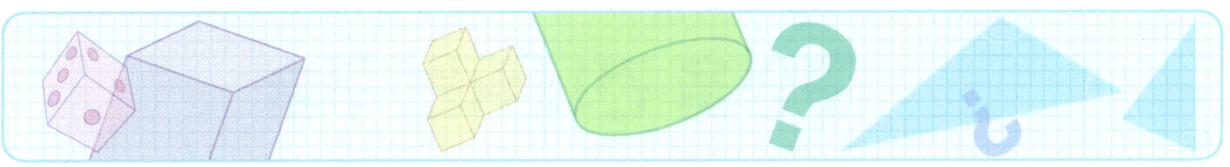

지도사항

1. 한 달의 날짜를 보면 뒤의 숫자는 0부터 9까지 10개의 숫자가 필요하다.
2. 한 달의 첫번째 숫자는 0부터 3까지 4개의 숫자가 필요하다.
   (0은 필수는 아니다)
3. 첫번째 스티커 세트 (0,1,2,3,4,5)를 하나의 주사위 6면에 모두 붙인다.
4. 두번째 스티커 세트 (0,1,2,6,7,8)를 다른 주사위 6면에 모두 붙인다.
5. 두개를 조합하면 01 부터 31까지 표시 할 수 있다.

16일   19일

[Tip]

숫자 6은 거꾸로 보면 9로 보이는 것을 활용한다.

7 구멍을 건너뛰는 구슬

놀이목표

구슬이 구멍에 빠지지 않고 통과하여 지나가도록 한다.

준비물

구멍을 건너뛰는 구슬놀이판, 놀이판 부속2개, 구슬

놀이방법

1. 놀이판을 만든다.
2. 놀이판의 높이가 다르게 구슬을 굴려 구슬이 내려가는 속도에 따라 구슬이 멈추는 위치를 관찰한다.

지도사항

1. 놀이판의 기울기를 낮게 하고 구슬을 굴리면 놀이판의 구멍에 구슬이 빠진다.
2. 놀이판의 기울기를 높게 하고 구슬을 굴리면 놀이판의 구멍을 통과하여 지나간다. 즉, 구슬에 가속도가 생겨 구멍을 통과하게 된다.

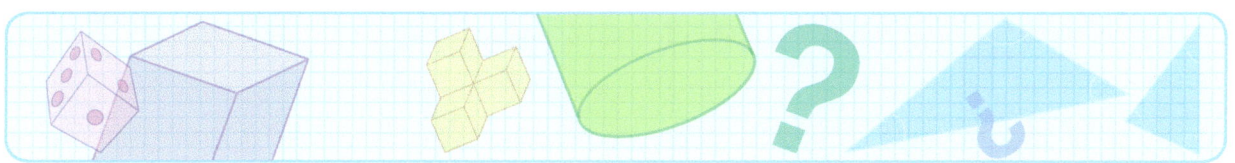

놀이방법. 1

1. 구슬판 양 옆에 놀이판 부속을 끼우고 놀이판의 가장 높은쪽에서 구슬을 굴린다.

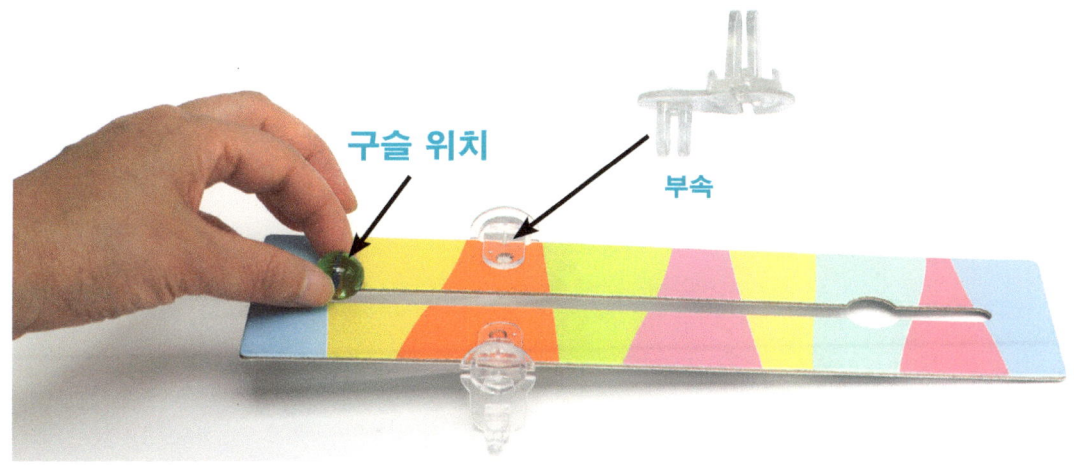

2. 구슬이 구르는 것을 관찰한다. 구슬이 구멍을 통과하여 바닥에서 멈췄다.

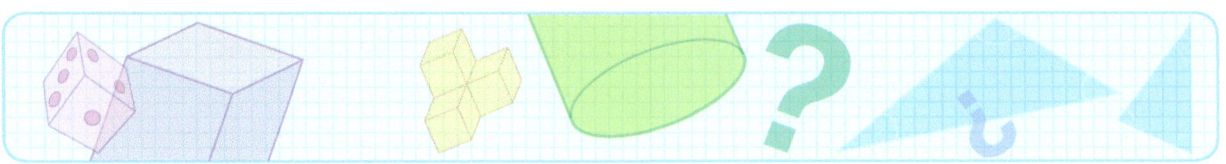

놀이방법. 2

1. 놀이판의 중간 지점에 구슬을 올려 놓고 굴린다.

구슬 위치

2. 구슬이 구르는 것을 관찰한다. 구슬이 구멍을 통과하지 못하고 구멍에 걸려 멈췄다.

사자 동물원

놀이목표
사자 7마리를 동물원 원장님의 지시에 맞게 우리에 넣기

준비물

사자 퍼즐

사자 동물원 놀이판

사자 퍼즐 8마리, 사자 동물원 놀이판

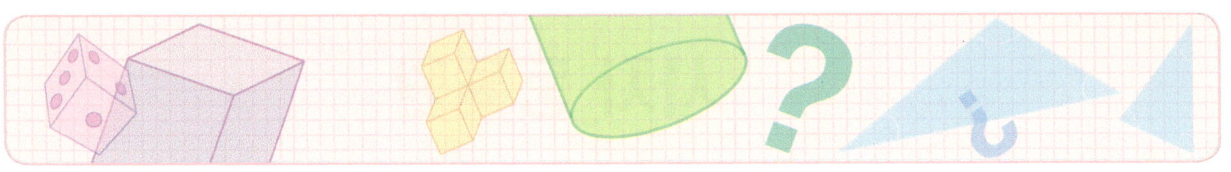

놀이방법

원장님의 지시를 아이들에게 들려주고 지시대로 놀이판에 사자를 놓아 본다.

원장님 지시

- 동물원 원장님이 아프리카에서 사자 7마리를 수입해 왔다.
- 원장님은 동물원 사육사에게 사자 7마리를 다음과 같이 서로 다른 A, B, C 우리에 가두어 넣으라고 지시했다.

> 1. 새로 들여온 사자들의 반을 가장 큰 A 우리에 넣는다.
> 2. 나머지 반을 두 번째로 큰 B 우리에 넣는다.
> 3. 또 남은 나머지 반은 가장 작은 C 우리에 넣는다.

- 사육사는 꾀를 내어 원장님의 지시대로 사자를 우리에 나누어 넣었다.
- 동물원 사육사는 어떻게 하여 원장님 지시대로 사자들을 우리에 나누어 넣었을까?

지도사항

1. 아이와 같이 이 문제는 재치 퀴즈라고 말해 주고 서로 방법을 이야기 해 본다.
2. 수입한 7마리의 사자만을 가지고서는 원장님의 지시대로 사자를 나눌 수 없으므로 해결할 수 있는 다른 상황을 생각해 보도록 한다.

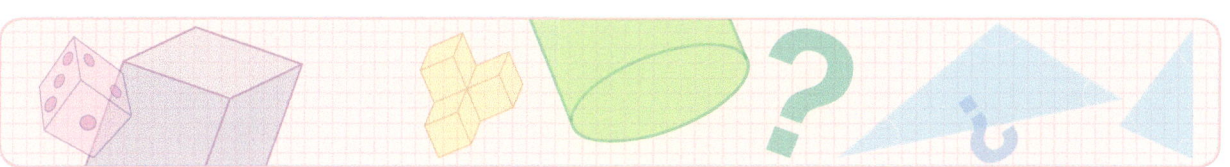

해답

1. 동물원 사육사가 사자 7마리로는 처음부터 반으로 나눌 수 없어 해결이 안되기에 꾀를 내어 다른 지역의 사자 1마리를 빌려 와서 사자가 8마리가 되도록 하였다.

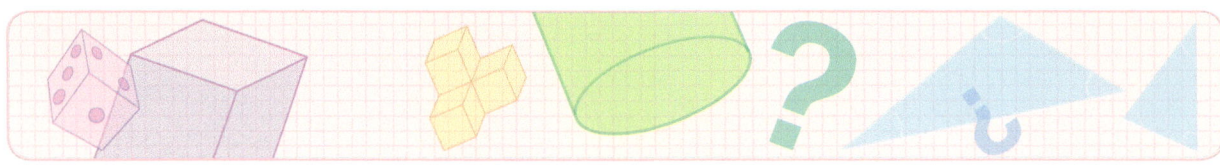

2. 원장님의 지시대로 가장 큰 A 우리에 사자 8마리의 반인 4마리를 우리에 가두어 두었다. 사자가 4마리가 남았다.

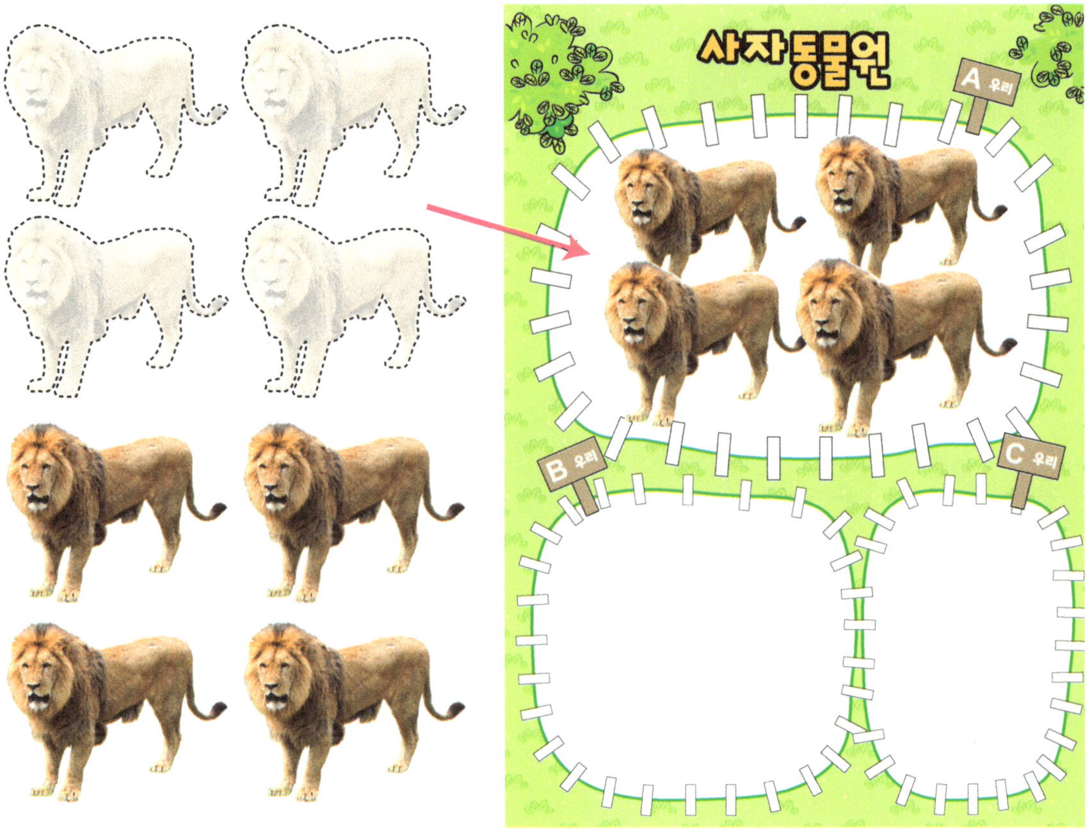

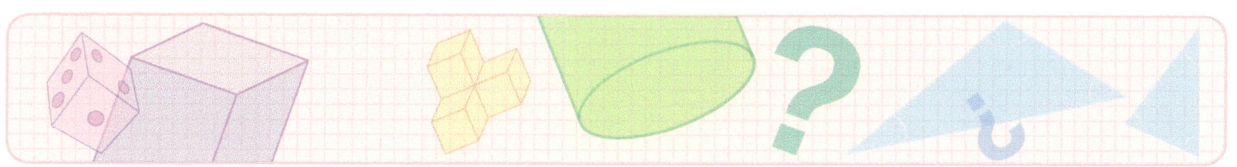

3. 그 다음 남은 사자 4마리 중 반인 2 마리의 사자를 두 번째로 큰 B 우리에 가두어 두었다.

4. 마지막으로 남은 2마리의 반인 1마리는 C 우리에 가두어 두었다

5. 남은 1마리는 빌려온 동물원에 다시 돌려주어 원장님의 지시를 해결하였다.

[Tip]

수학 퀴즈에는 여러 유형의 이런 유사한 문제가 존재한다. 사자 대신에 낙타나 논을 유언에 따라 나누어 주기 등이 있고 수량도 7마리 대신에 11마리 17마리 등등 여러 가지가 있다.

9 유리구슬 멀리가기

놀이목표

유리구슬을 경사면에서 굴려 멀리 보내기

준비물

유리구슬, 경사면 놀이판, 놀이판 부속 3개

놀이방법

1. 경사면 놀이판을 놀이판 부속를 이용하여 조립한다. 이때 놀이판 부속를 사진처럼 한쪽은 끝쪽의 홈에, 다른 한쪽은 끝에서 두 번째 홈에 끼워 조립한다.

2. 경사면의 여러 위치에서 구슬을 굴린다.

지도사항

1. 유리구슬을 놓을 때 힘을 가하지 않고 살짝 놓도록 한다.

2. 가장 높은 곳에서 굴렸을 때 가장 멀리 간다는 것을 알게 한다.

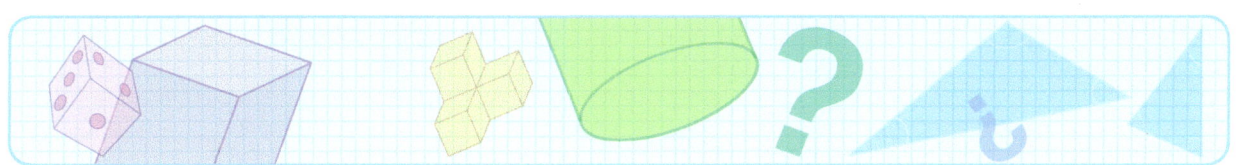

아래쪽 끼우기

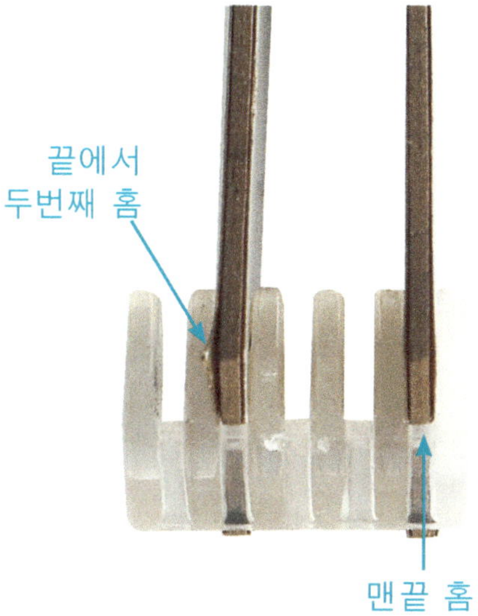

끝에서 두번째 홈

맨끝 홈

위쪽 끼우기

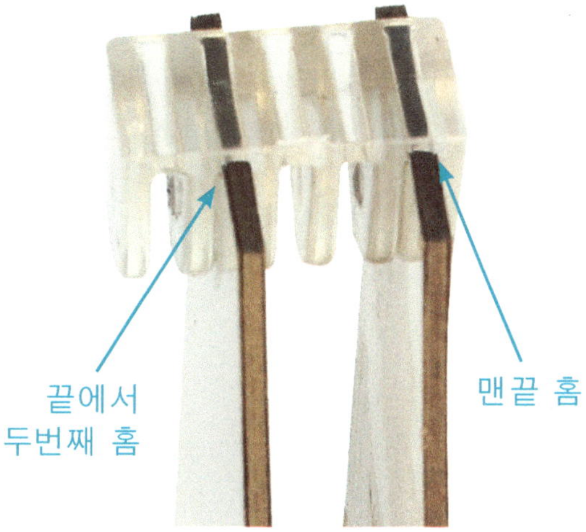

끝에서 두번째 홈

맨끝 홈

놀이순서

1. 경사면 놀이판을 바닥이 평평한 곳에 세운다.

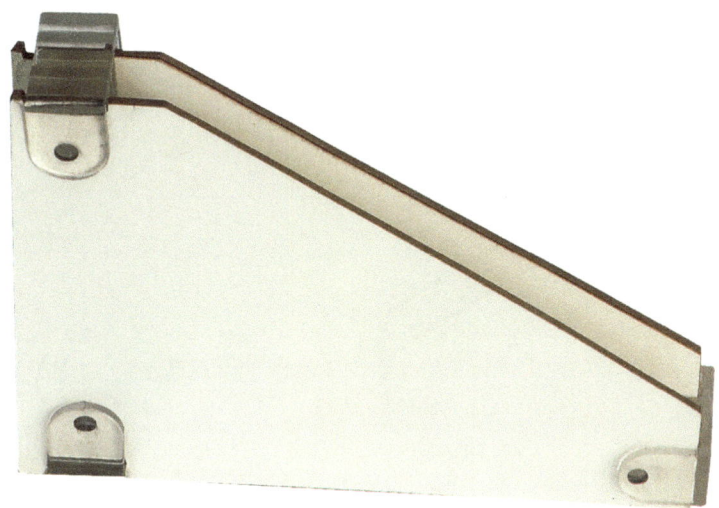

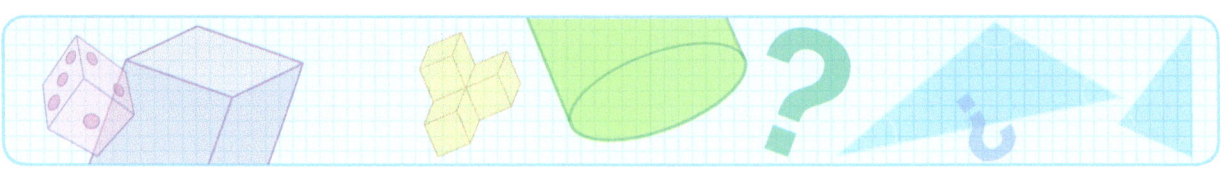

2. 경사면놀이판의 가장 꼭대기에서 유리구슬을 굴린다.

3. 구슬이 멈추어 선 곳에 표시를 한다.

4. 경사면놀이판의 중간 지점에서 유리구슬을 굴린다.

5. 구슬이 멈추어 선 곳에 표시를 한다.

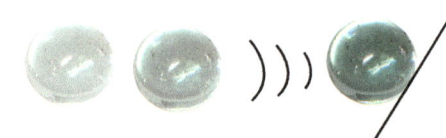

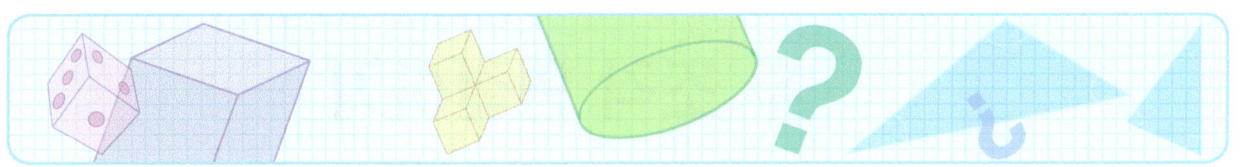

6. 경사면놀이판의 아래 부분 지점에서 유리구슬을 굴린다.

7. 구슬이 멈추어 선 곳에 표시를 한다.

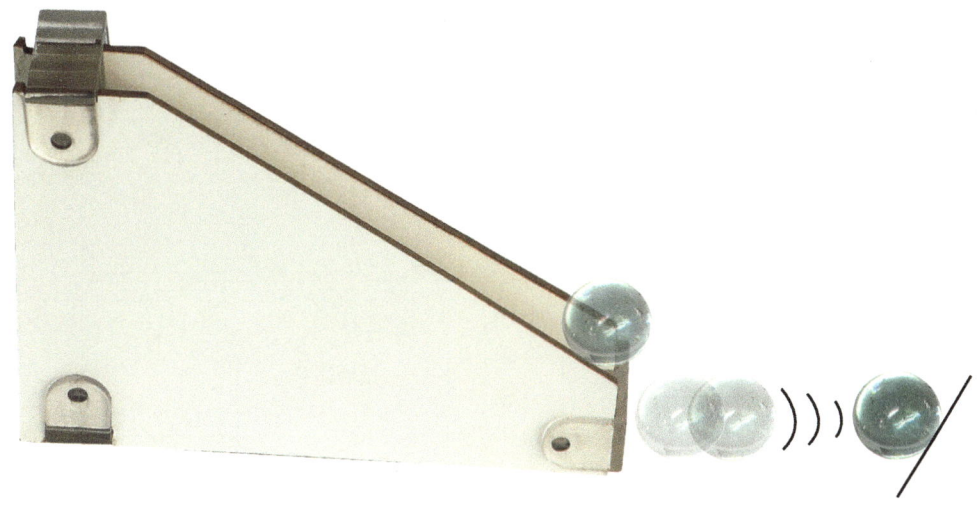

[Tip]
에너지 보존 관점에서 보면 위치에너지가 운동 에너지로 변하는 것으로 설명할 수 있다.

10 두 조각 연결하기

놀이목표
주어진 네 조각으로 문제 제시 모양 만들기

준비물

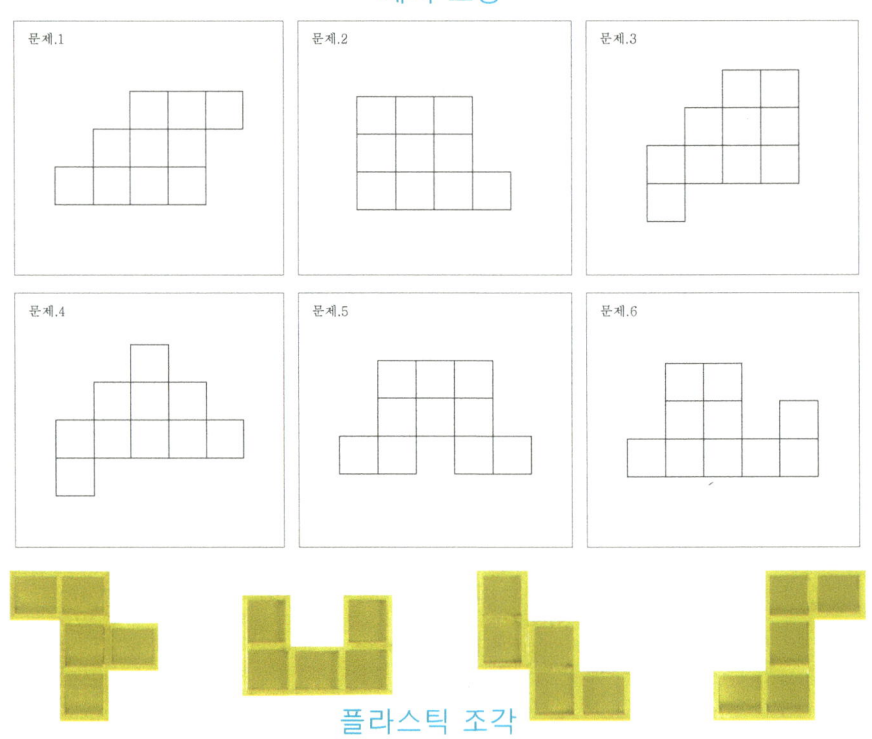

플라스틱 조각 4개, 문제 제시 모양

놀이방법
1. 조각을 관찰한다.
2. 문제 제시 모양을 주어진 네 조각 중에서 두 조각만 사용하여 맞춘다.

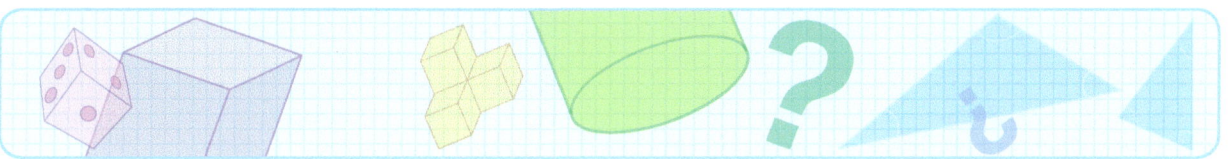

지도방법

1. 도형과 공간 감각을 향상시키는 학습이다.
2. 먼저 네 조각 중에서 특정한 모양 등을 판단하여 필요한 두 조각을 고른다.
3. 그 두 조각으로 문제 제시 모양에 맞추어 보며 문제를 해결한다.
4. 주어진 조각을 여러 방향으로 상하, 좌우, 회전 등을 통해서 문제 해결 능력을 키운다.

조각 관찰

1. 각 조각은 정육면체 다섯개를 연결하여 만들어진 조각이다. 모양의 특징을 기억해 둔다.

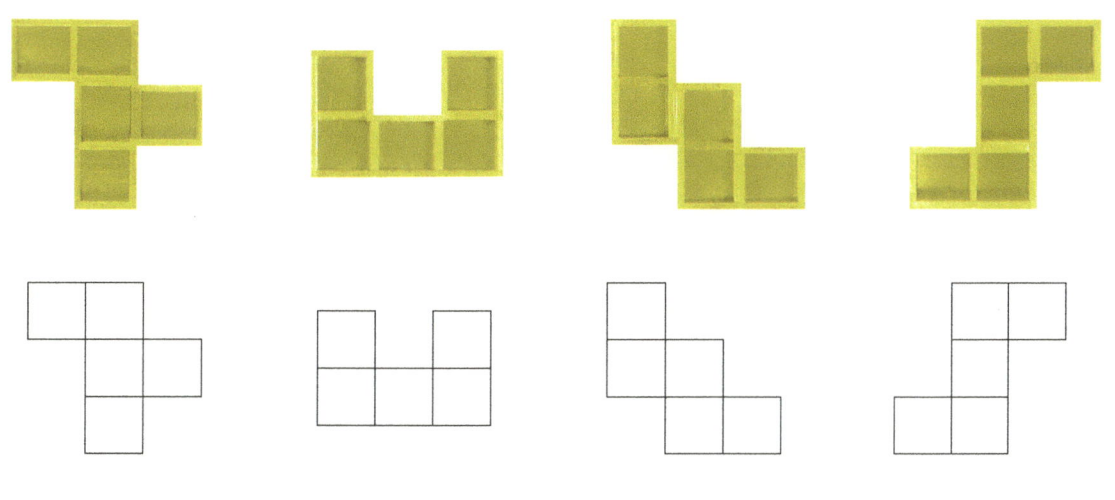

해답 -1. 2

문제.1

문제.2

문제.1

문제.2

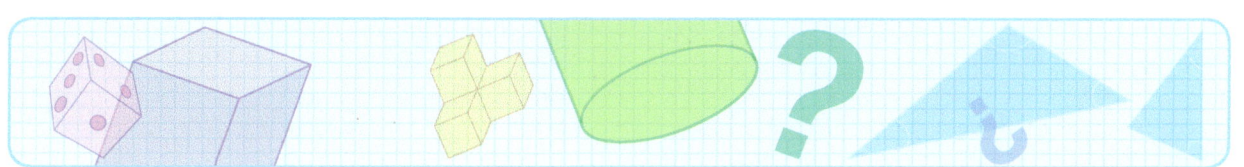

해답-3.4

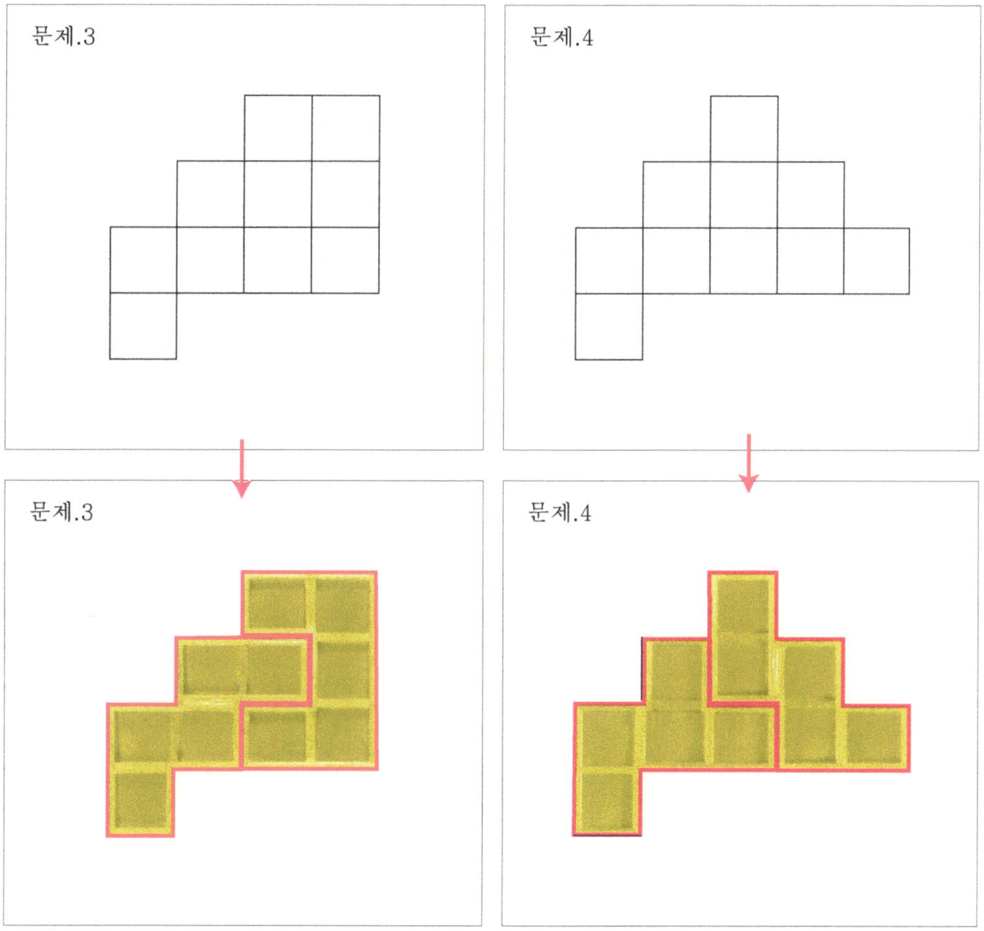

문제.3

문제.4

문제.3

문제.4

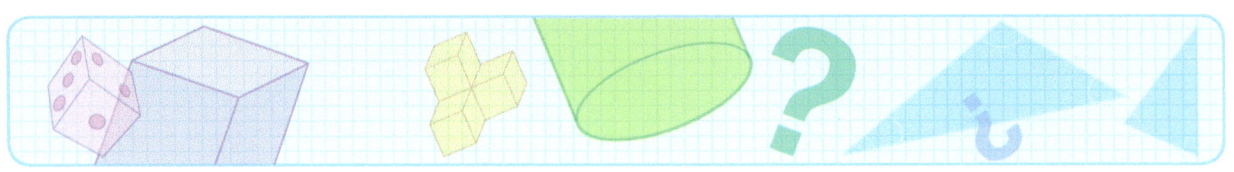

해답 -5. 6

문제.5

문제.6

문제.5

문제.6

11 세 조각 연결하기

놀이목표

주어진 여섯 조각으로 문제 제시 모양 만들기

준비물

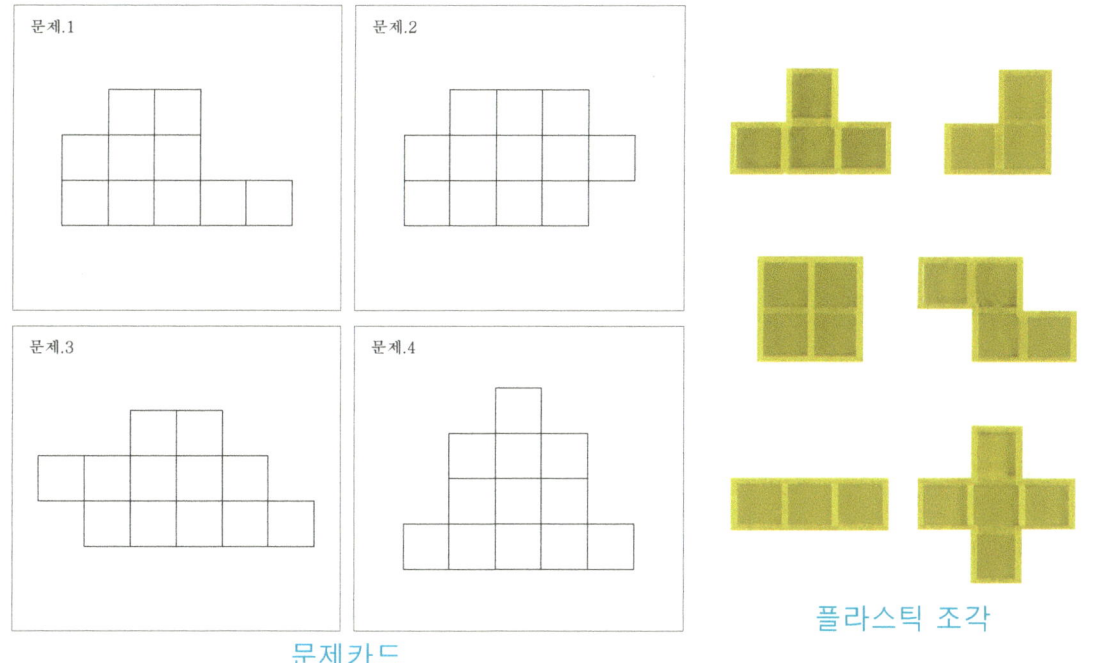

문제카드   플라스틱 조각

플라스틱 조각 6개, 문제 제시 모양

놀이방법

1. 조각을 관찰한다.
2. 문제 제시 모양을 주어진 여섯 조각 중에서 세 조각만 사용하여 맞춘다.

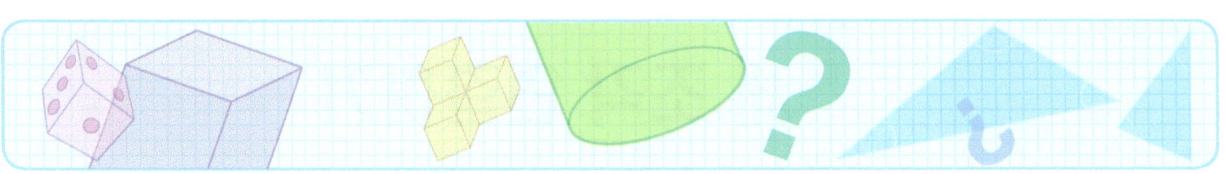

지도방법

1. 도형과 공간 감각을 향상시키는 학습이다.
2. 먼저 6조각 중에서 특정한 모양 등을 판단하여 필요한 3조각을 고른다.
3. 그 3조각으로 문제 제시 모양에 맞추어 보며 문제를 해결한다.
4. 주어진 조각을 여러 방향으로 상하, 좌우, 회전 등을 통해서 문제 해결 능력을 키운다.

조각 관찰

1. 각 조각의 모양의 특징을 기억해 둔다.

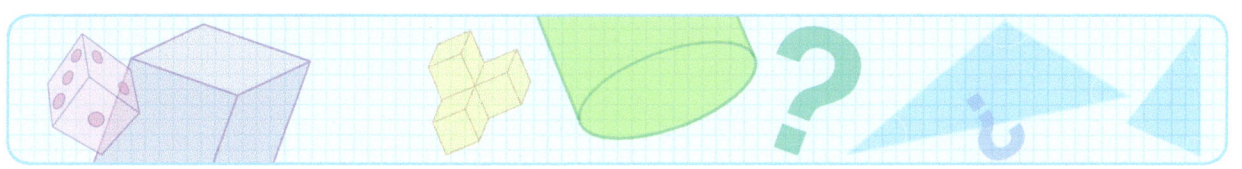

해답 -1. 2

문제.1

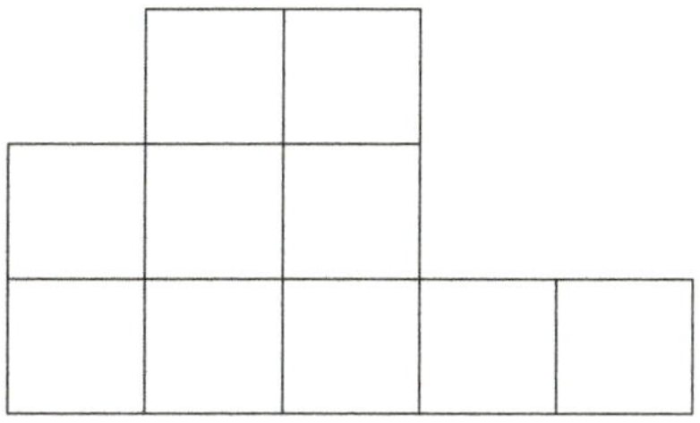

문제.2

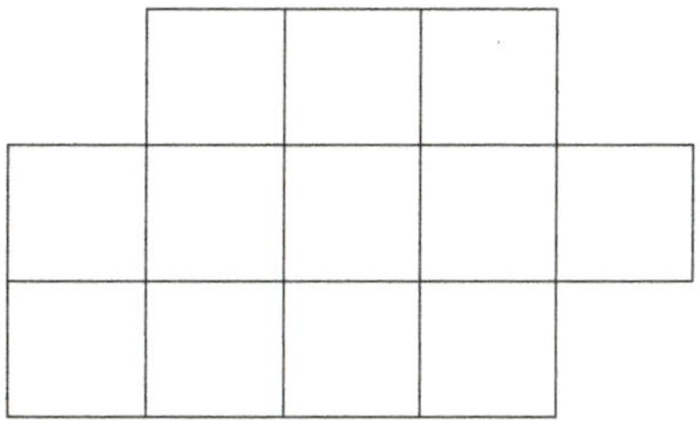

문제.1

문제.2

수학실험마당 • 53

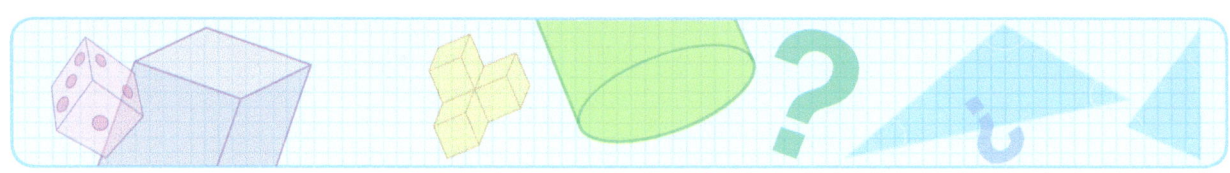

해답 -3. 4

문제.3

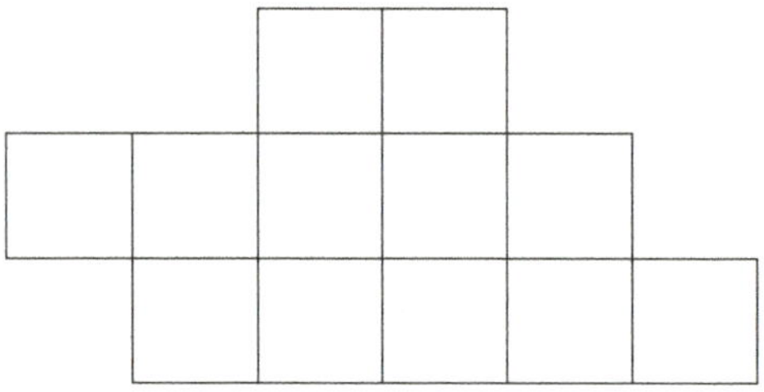

문제.4

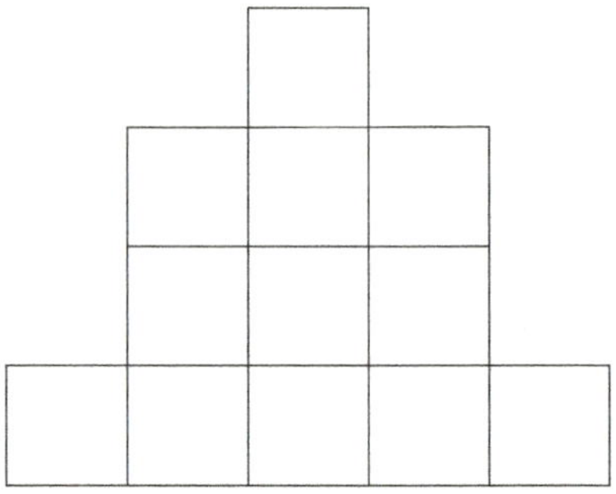

문제.3

문제.4

12 동전 나열하기

놀이목표

가로와 세로의 동전의 개수를 조건에 맞게 나열한다.

준비물

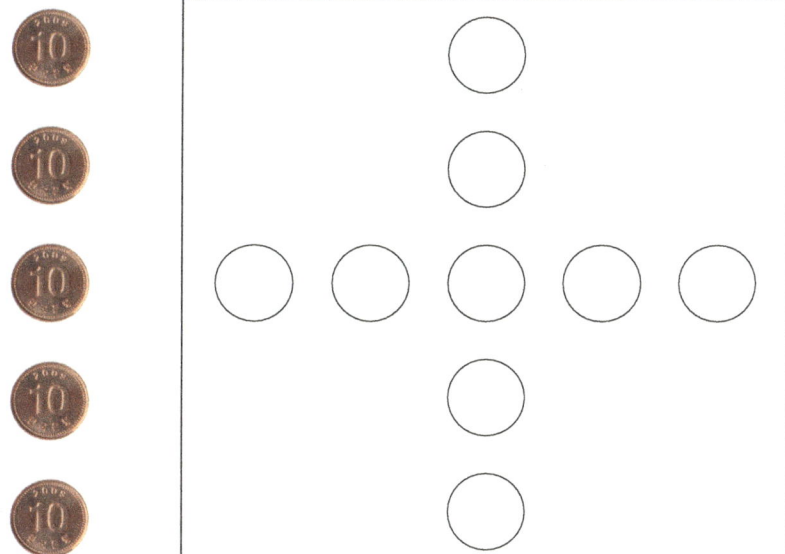

동전 5개, 동전 놀이판

놀이방법

1. 동전 5개를 그림과 같이 십자가 형태로 나열한다.
2. 동전의 수가 가로 세로 각각 3개인 것을 확인한다.
3. 동전 한 개만 옮겨서 동전의 수가 가로 4개 세로 3개가 되도록 만들면 된다.

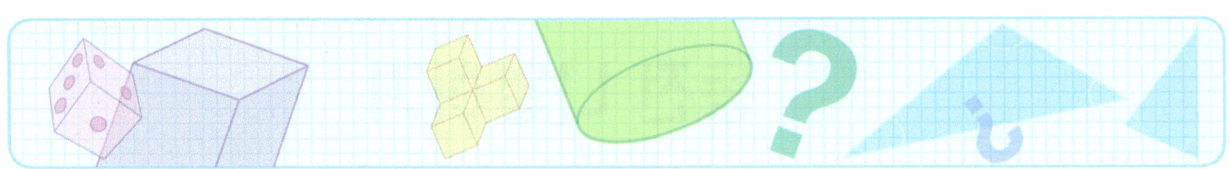

지도사항

1. 정상적인 방법으로는 문제 해결을 할 수 없다.

2. 생각의 전환이 필요하다.

3. 즉, 세로의 맨아래 또는 맨 위의 동전 한 개를 그림과 같이 가운데 동전 위에 올려 놓는다.
그러면 가로 4개, 세로 3개가 된다.

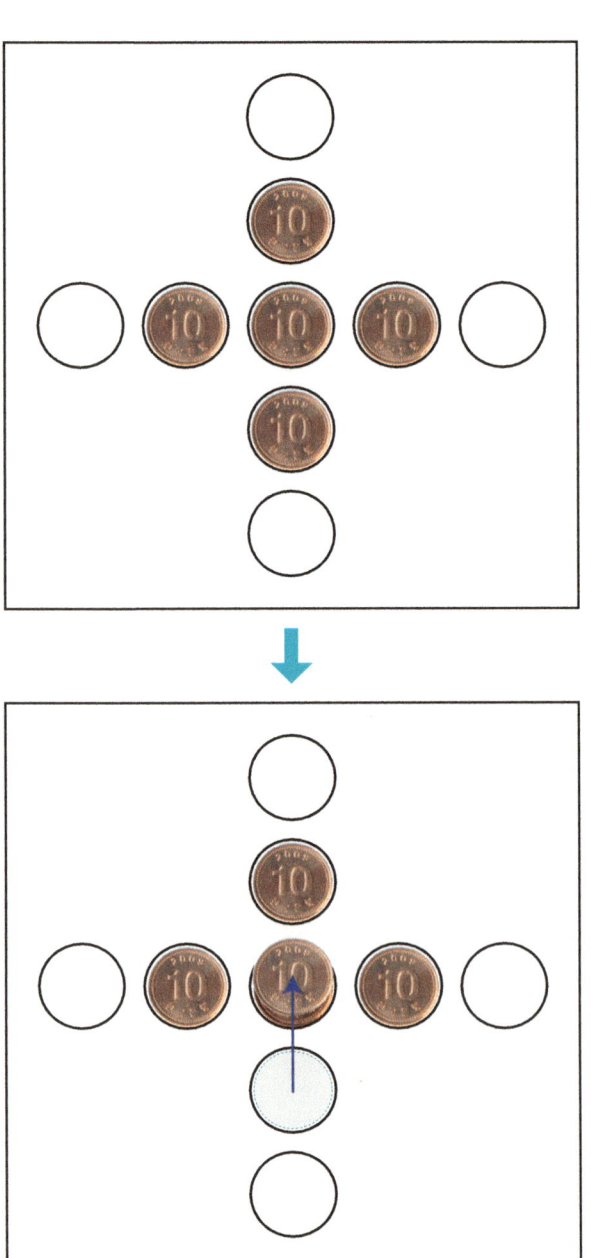

13 정사각형 연결하기

놀이목표

정사각형 2개, 3개, 4개 연결하여 도형만들기

준비물

정사각형 블록 4개, 모눈종이 1장

놀이방법

1. 정사각형 2개를 연결하여 규칙에 따라 도형을 만든다.
2. 정사각형 3개를 연결하여 규칙에 따라 도형을 만든다.
3. 정사각형 4개를 연결하여 규칙에 따라 도형을 만든 후 모눈종이에 모양대로 색칠해 본다.

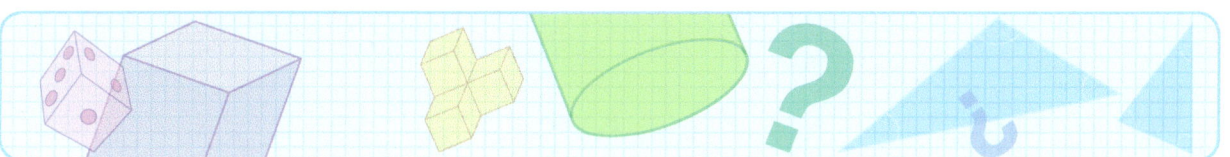

놀이규칙

1. 변과 변끼리 연결해야 한다.

2. 꼭짓점끼리 연결하면 안된다.

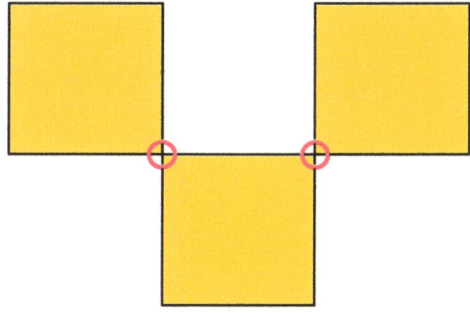

3. 서로 대칭 모양은 같은 도형으로 본다.

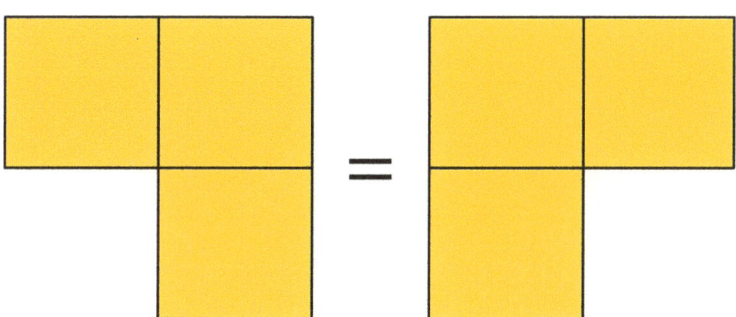

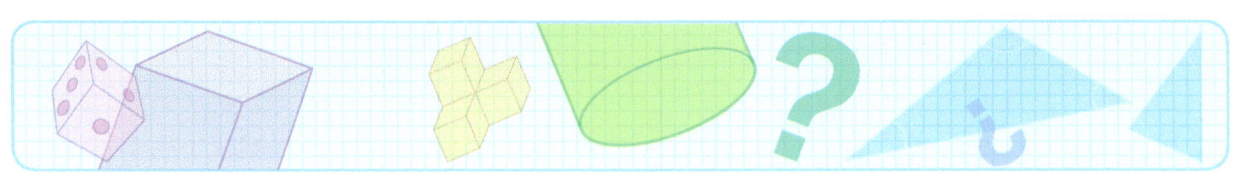

도미노 만들기

1. 정사각형 2개로 만들 수 있는 도형을 규칙에 따라 모두 만들어 본다. 정사각형 2개로 만들 수 있는 도형은 한 가지이다.

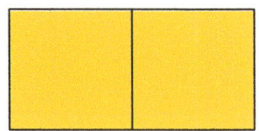

트리미노 만들기

1. 정사각형 3개로 만들 수 있는 도형을 규칙에 따라 모두 만들어 본다. 정사각형 3개로 만들 수 있는 도형은 모두 두 가지이다.

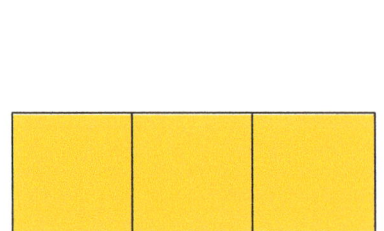

[Tip]

정사각형 1개로 만들어진 도형을 '모노미노'라고 한다.
정사각형 2개로 만들어진 도형을 '도미노'라고 한다.
정사각형 3개로 만들어진 도형을 '트리미노'라고 한다.
정사각형 4개로 만들어진 도형을 '테트로미노'라고 한다.

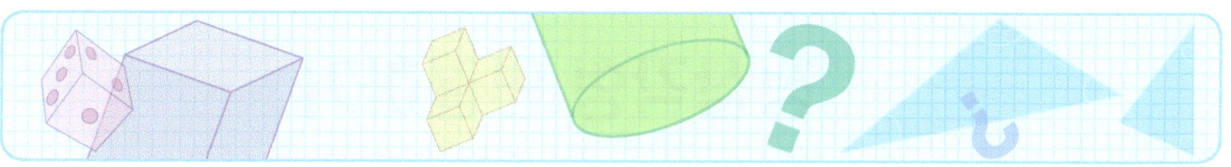

테트로미노 만들기

1. 정사각형 4개로 만들 수 있는 도형을 규칙에 따라 모두 만들어 본다.
   정사각형 4 개로 만들 수 있는 도형은 모두 다섯 가지이다.

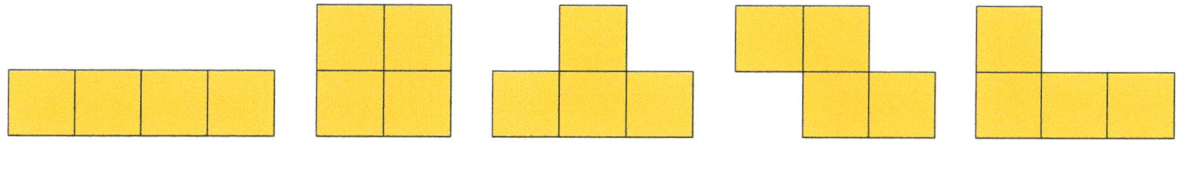

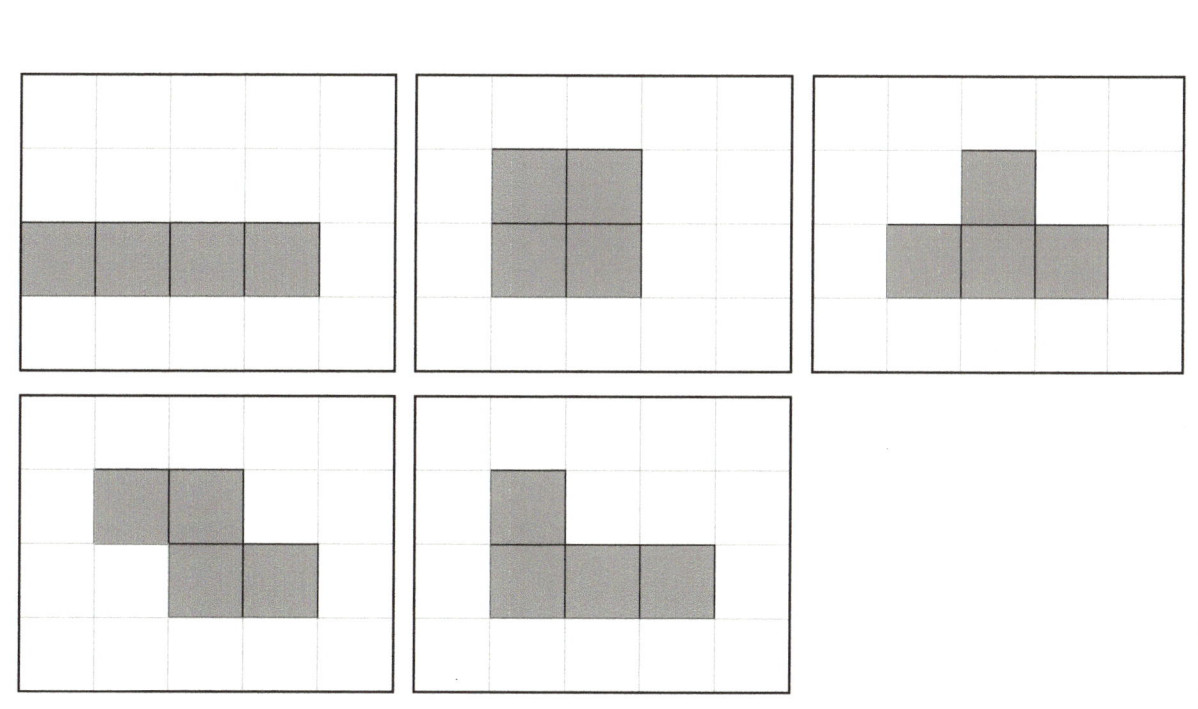

14 정삼각형 연결하기

놀이목표

정삼각형 2개, 3개, 4개 연결하여 도형만들기

준비물

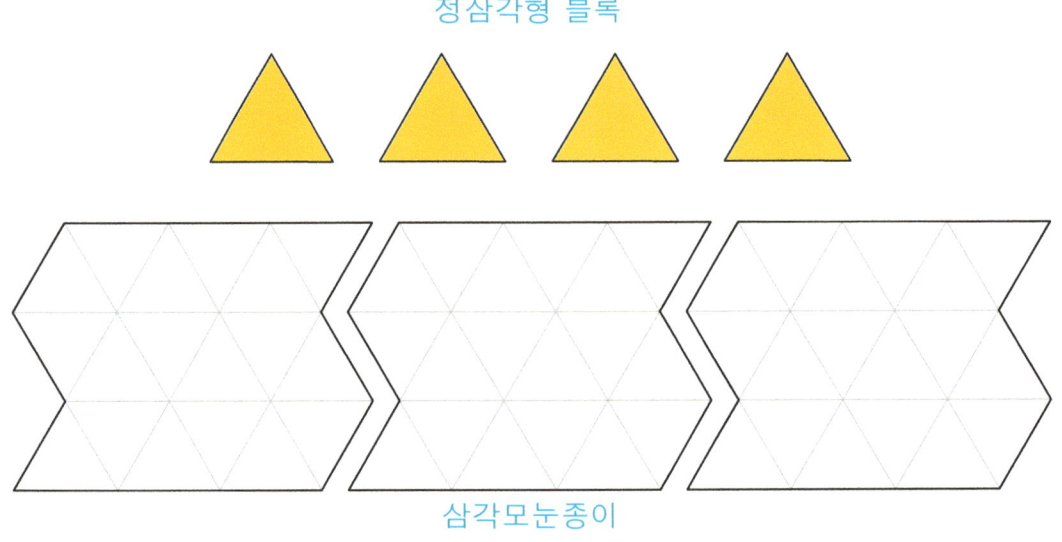

정삼각형 블록 4개, 삼각모눈종이 1장

놀이방법

1. 정삼각형 2개를 연결하여 규칙에 따라 도형을 만든다.
2. 정삼각형 3개를 연결하여 규칙에 따라 도형을 만든다.
3. 정삼각형 4개를 연결하여 규칙에 따라 도형을 만든 후 삼각모눈종이에 모양대로 색칠해 본다.

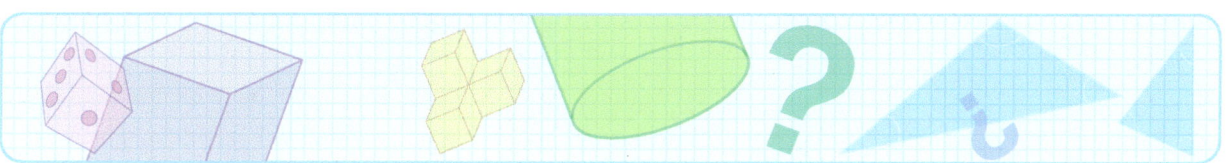

놀이규칙

1. 변과 변끼리 연결해야 한다.

2. 꼭짓점끼리 연결하면 안된다.

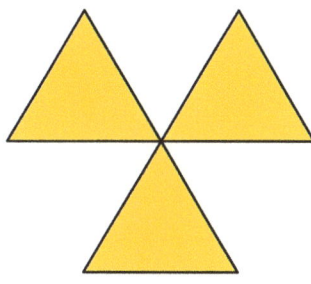
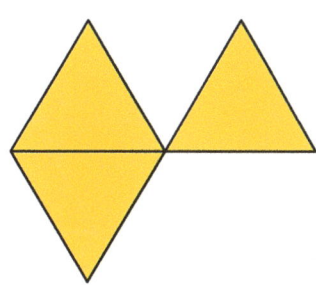

3. 회전하거나 서로 대칭 모양은 같은 도형으로 본다.(아래 모양은 다 같은 모양이다.)

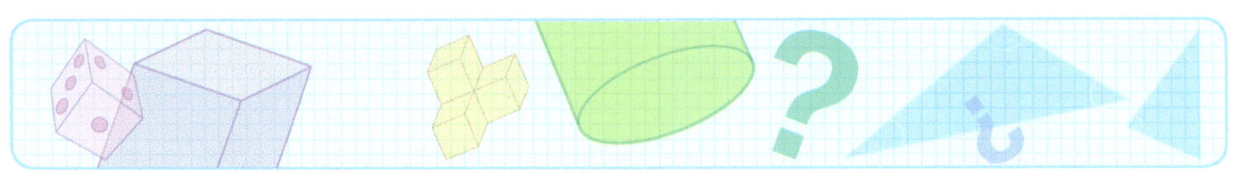

두 개로 만들기

정삼각형 2개로 만들 수 있는 도형을 규칙에 따라 모두 만들어 본다.
정삼각형 2 개로 만들 수 있는 도형은 한 가지이다.

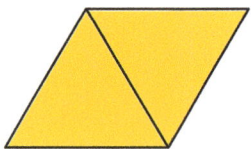

세 개로 만들기

정삼각형 3개로 만들 수 있는 도형을 규칙에 따라 모두 만들어 본다.
정삼각형 3 개로 만들 수 있는 도형은 한 가지이다.

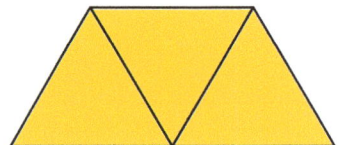

네 개로 만들기

1. 정삼각형 4개로 만들 수 있는 도형을 규칙에 따라 모두 만들어 본다.
   정삼각형 4 개로 만들 수 있는 도형은 모두 세 가지이다.

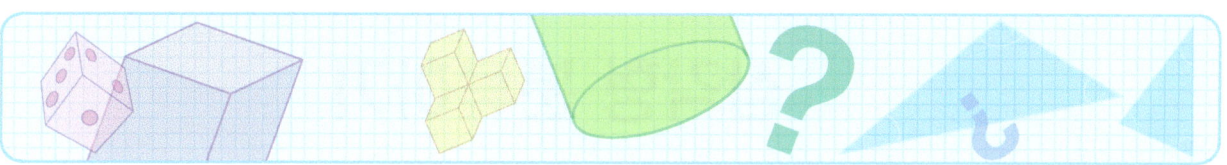

2. 만들어진 도형을 삼각모눈종이에 색칠한다.
3. 다시 새로운 도형을 만들어 만들어진 도형을 삼각모눈종이에 색칠한다.
4. 이때 이미 만들어진 도형과 같은지를 확인한다

[Tip]
정사각형 네개 연결한 것과 비교해 본다.

15 삼각형 분류하기

놀이목표

삼각형의 종류 알기

준비물

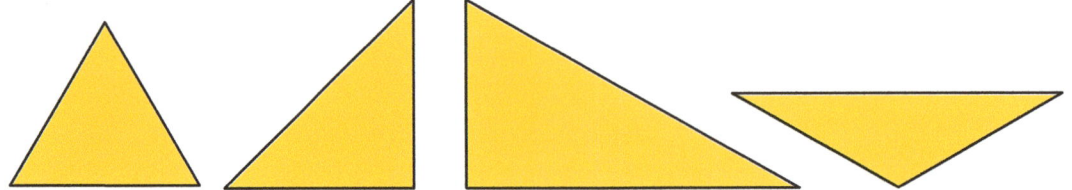

삼각형 4 종류

놀이방법

1. 주어진 삼각형의 특징을 이야기 한다. 변의 길이, 직각을 가진 삼각형 등등...

지도사항

1. 삼각형은 변이 세 개이고 각이 세 개이다. 아래 도형은 모두 삼각형이다.

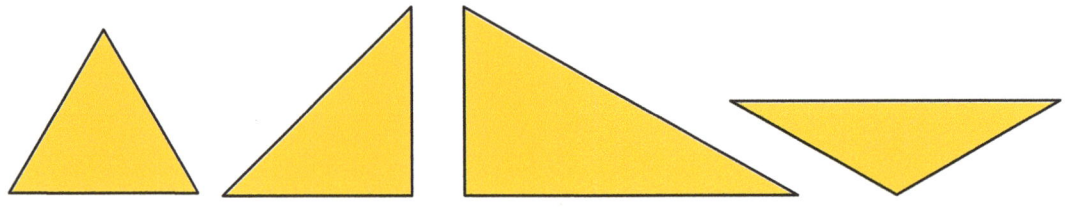

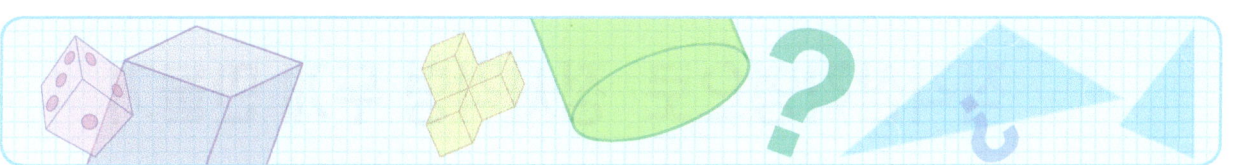

2. 세 변의 길이가 같은 것은 정삼각형이다.

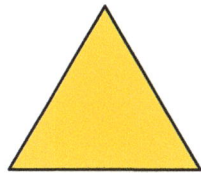

3. 세 각 중에서 한 각이 90도이면 직각삼각형이다.

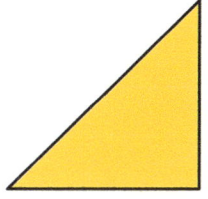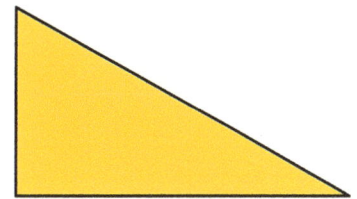

4. 직각삼각형 중 두 변이 같으면 직각이등변삼각형이다.

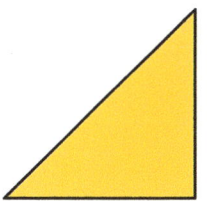

5. 세 각 중 어느 한 각이 90도보다 크면 둔각삼각형이고 이 중에 두 변이 같으면 둔각이등변삼각형이다.

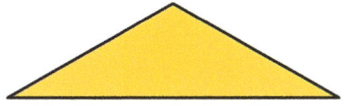

6. 삼각형을 정삼각형, 직각삼각형, 직각이등변삼각형, 둔각이등변삼각형으로 분류해 본다.(참고 사항으로 이야기 해주면 된다.)

16 직각삼각형으로 정사각형 두개 만들기

놀이목표

직각삼각형 네 개를 연결하여 정사각형 두 개 만들기

준비물

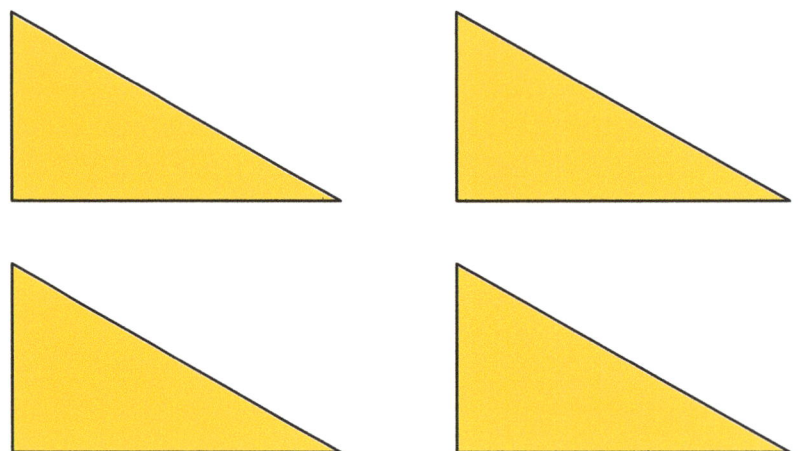

직각삼각형 블록 4개

놀이방법

1. 직각삼각형을 연결하여 정사각형 두 개를 만든다.

지도사항

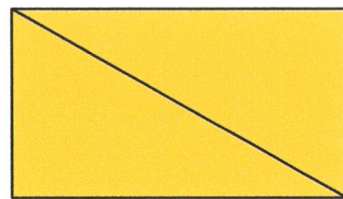

1. 직각삼각형 두 개를 연결하면 직사각형이 나온다.

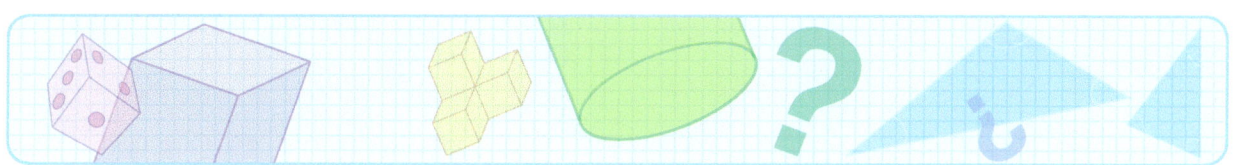

2. 만들어진 직사각형 두 개를 연결하면 새로운 직사각형이 생긴다. (정사각형이 아니다.)

3. 아래와 같이 연결하면 마름모 모양이 나온다.(정사각형이 아니다.)

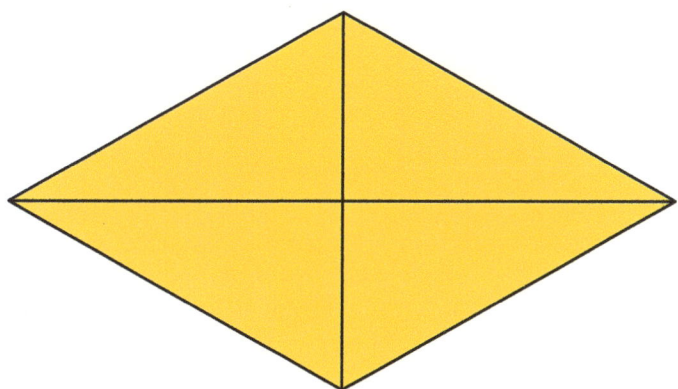

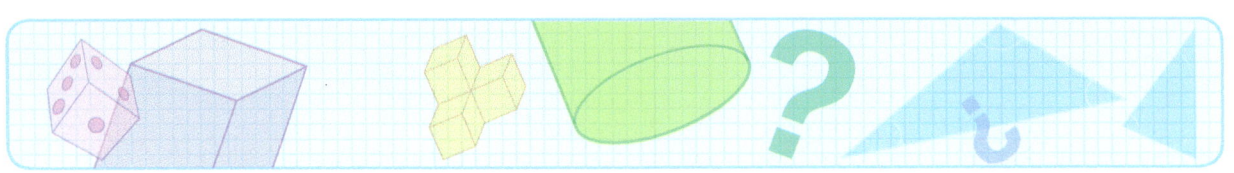

4. 아래와 같이 연결하면 바깥에 큰 정사각형과 가운데 빈 공간의 작은 정사각형이 생긴다. 생각의 전환이 필요한 문제이다.

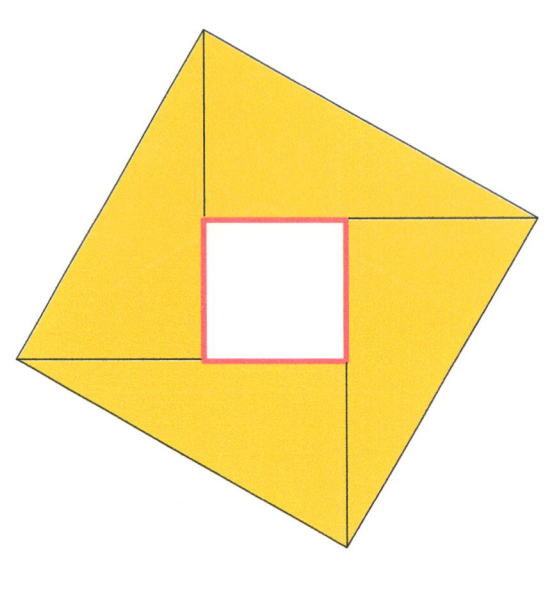

17 | 4색 지도 만들기

놀이목표

주어진 지도그림을 여러 가지색 스티커로 표시하기

준비물

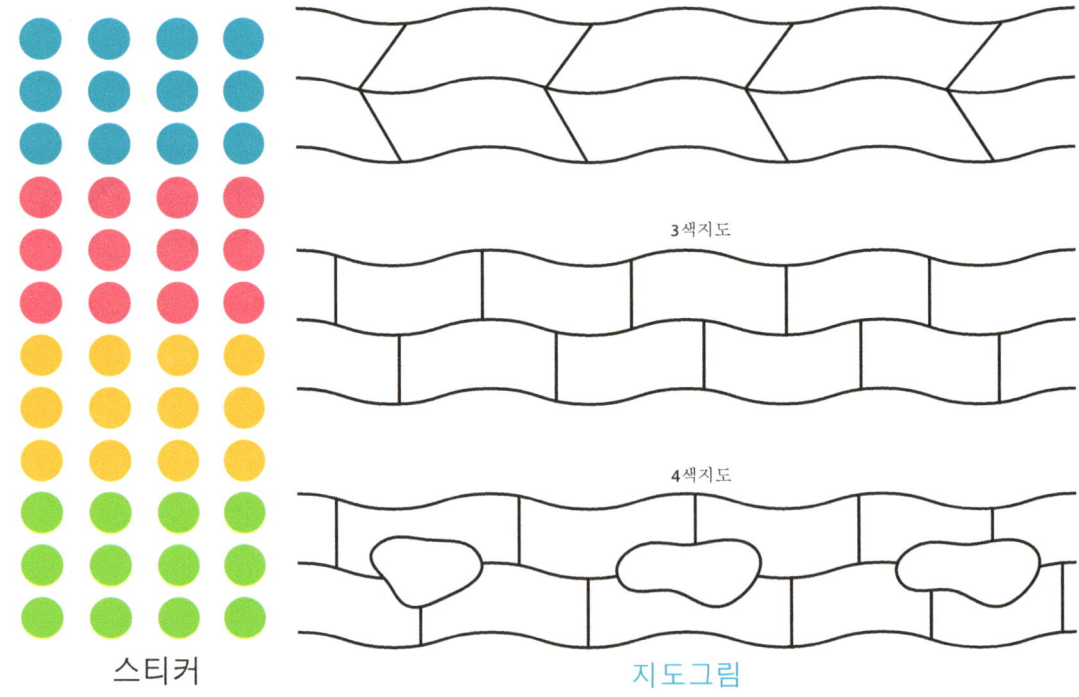

지도그림 3종, 4가지색 스티커

놀이방법

1. 지도그림을 관찰한다.
2. 그림의 각 영역을 스티커로 색을 다르게 붙여 구별한다.

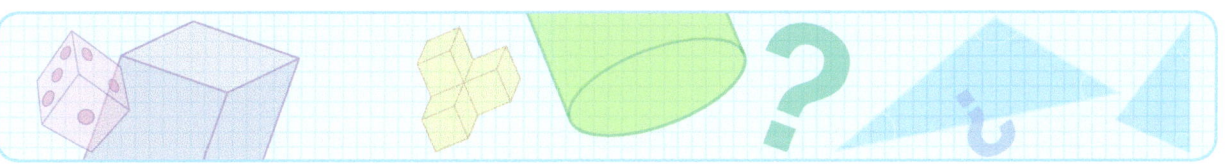

지도방법

1. 지도그림의 각 영역을 다른색으로 구분하여 표시하도록 하는 개념을 설명한다.

2. 이웃한 영역은 반드시 색이 달라야 한다.

3. 2색 지도는 두 가지색만 사용하여 구분해 본다.

4. 3색 지도는 두 가지 색으로 구분이 불가능하다.
   왜냐하면 각 경계 구역을 다른 색으로 구분해야 하는데 두 가지 색은 주변의 색과 겹치게 된다.
   그러므로 3색 지도는 세 가지 색으로 구분해 본다.

5. 4색 지도는 두 가지나 세 가지 색으로 구분이 불가능하다.
   왜냐하면 각 경계 구역을 다른 색으로 구분해야 하는데 두 가지나 세 가지색으로는 주변의 색과 겹치게 된다.
   따라서 4색 지도는를 색으로 구분 하려면 네가지 색을 사용해야 한다.

옆의 지도는 대한민국 지도이다.
4색으로 모든 시도의 경계를 표시하였다.

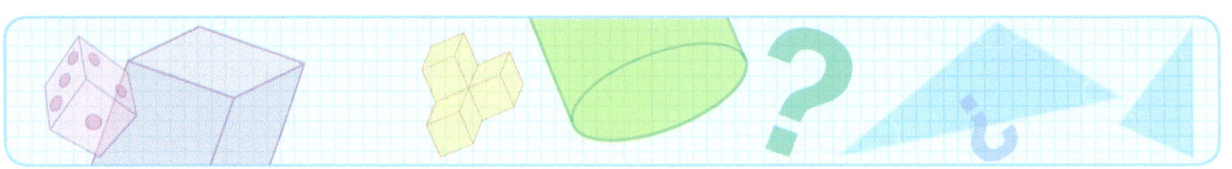

풀이

1. 2색 지도에 이웃한 영역의 색이 다르게 스티커를 붙인 모양

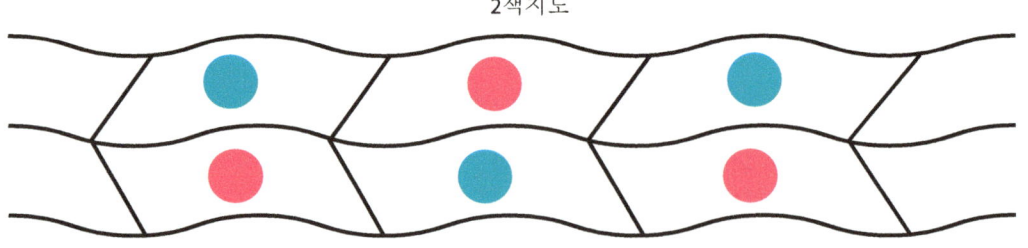

2색지도

2. 3색 지도에 아래와 같이 스티커를 붙인 후 파랑 빨강 두 가지 색 중 빈 곳에 들어올 색을 찾을 수 있을까? 없다.

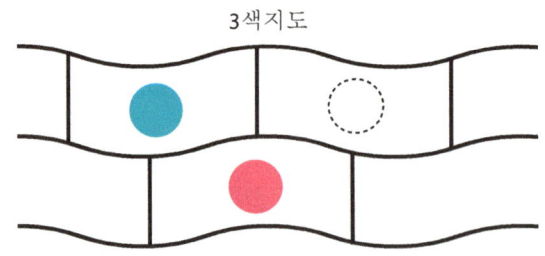

3색지도

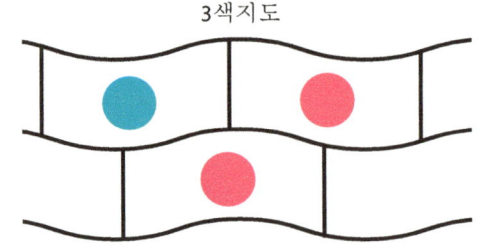

3색지도

빨간색 스티커를 붙이면 아래 빨간색과 경계면이 겹쳐서 안된다.

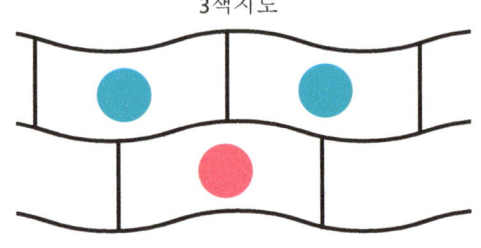

3색지도

파란색 스티커를 붙이면 옆의 파란색과 경계면이 겹쳐서 안된다.

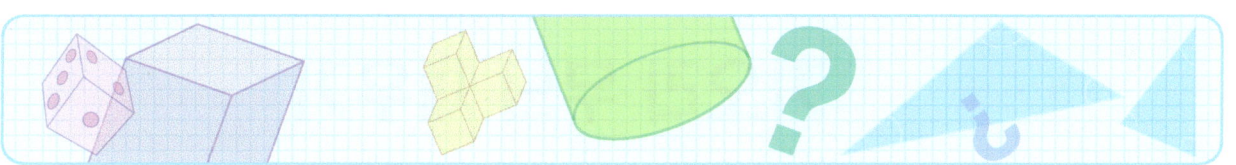

3. 3색 지도에 이웃한 영역의 색이 다르게 스티커를 붙인 모양

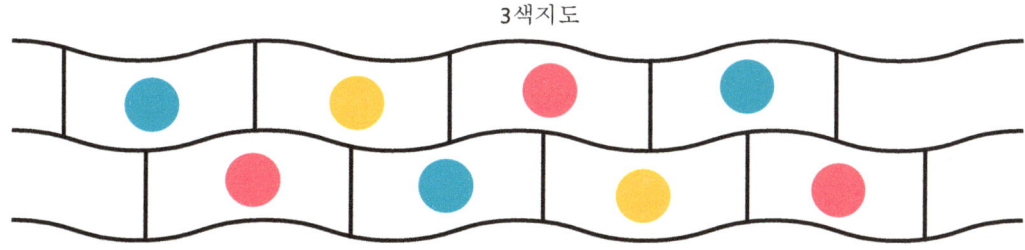

3색지도

4. 4색 지도에 이웃한 영역의 색이 다르게 스티커를 붙인 모양

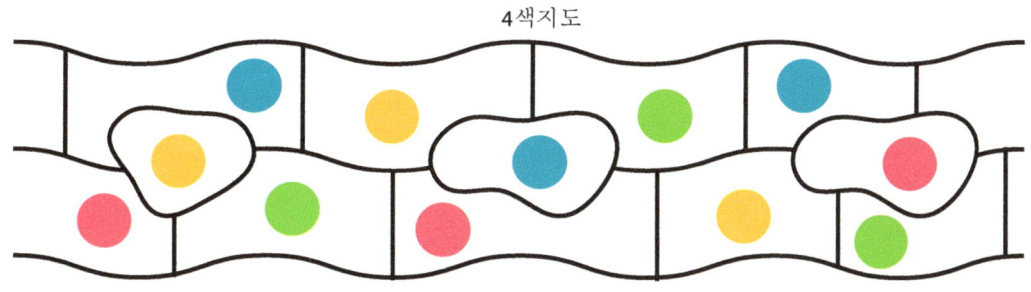

4색지도

색의 배열은 여러 가지 일 수 있다.

[Tip]

아무리 복잡한 지도도 색으로 구분할 때 4가지 색으로 구분할 수 있다는 것이 수학자들에 의해 증명되었다.

18 가오리 무늬 채우기

놀이목표

퍼즐 조각무늬를 틈새 없이 채워 나가기

준비물

가오리 무늬 퍼즐 조각

가오리 무늬 퍼즐 조각 20장

놀이방법

1. 가오리 무늬 퍼즐 조각을 관찰한다.
2. 무늬 퍼즐을 틈새 없이 여러 방향으로 채워나간다.

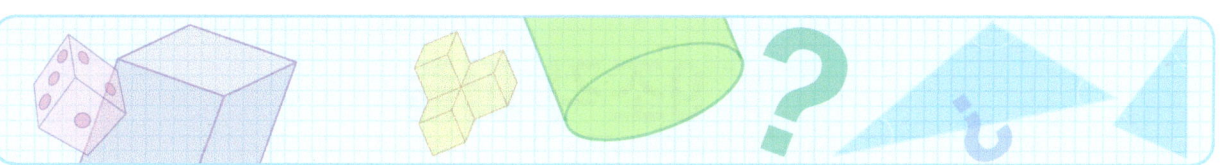

지도사항

1. 무늬 퍼즐은 서로 4개씩 틈새 없이 조립 되도록 되어 있다.

2. 이렇게 벽면이나 바닥을 틈새없이 채워나가는 것이 주변에 어떤 것이 있는지 아이와 이야기 해본다.

3. 이것은 우리가 쉽게 관찰하는 보도블록의 모양, 벽지무늬, 욕실의 타일 등등 실생활 여러 곳에 응용되는 방법이다.

[Tip]
이러한 것을 수학용어로 "테셀레이션" 이라고 한다.

19 9조각 퍼즐

놀이목표

9개의 퍼즐 조각의 그림 모두 맞추기

준비물

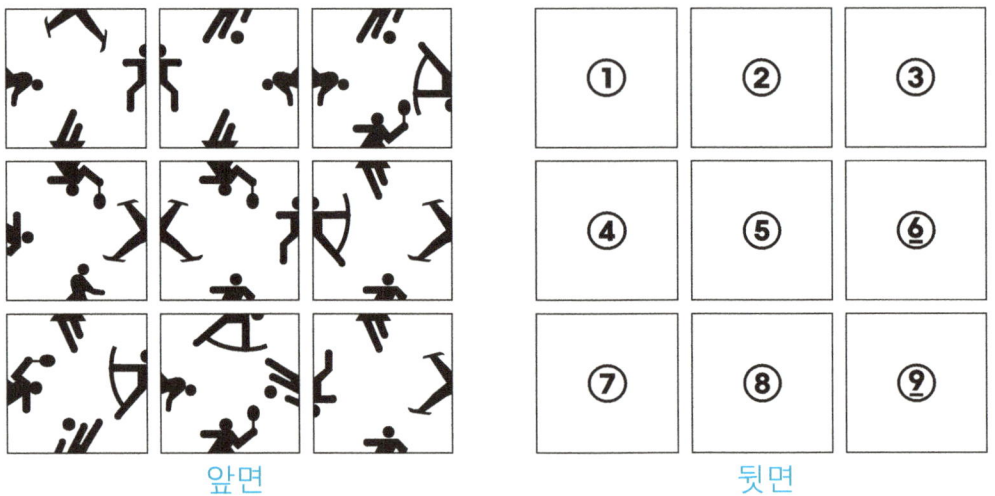

앞면   뒷면

퍼즐조각 9개

놀이방법

1. 조각난 퍼즐의 그림 중 2 조각을 맞추어 본다.

2. 조각난 퍼즐의 그림 중 3 조각을 맞추어 본다.

3. 조각난 퍼즐의 그림 9 조각을 모두 맞추어 본다. 이때 조각난 그림의 네방향을 모두 맞추어야 한다.

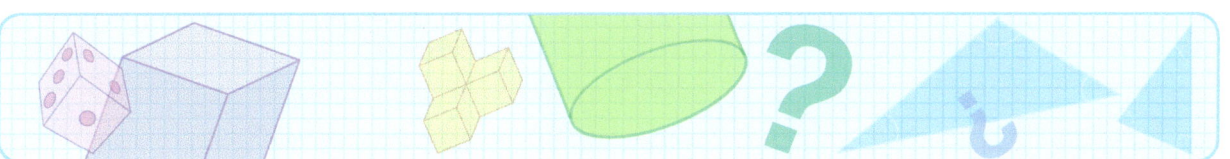

지도사항

1. 9 조각이 비슷하지만 모두 다른 그림이다.
2. 부분적으로 맞추기 보다 9 조각을 모두 놓고 맞추는 것도 하나의 요령이다.
3. 뒷면의 번호를 이용해서 해답을 확인한다.

2조각 맞추기 해답은 아래 번호 외에 또 있을 수 있다.

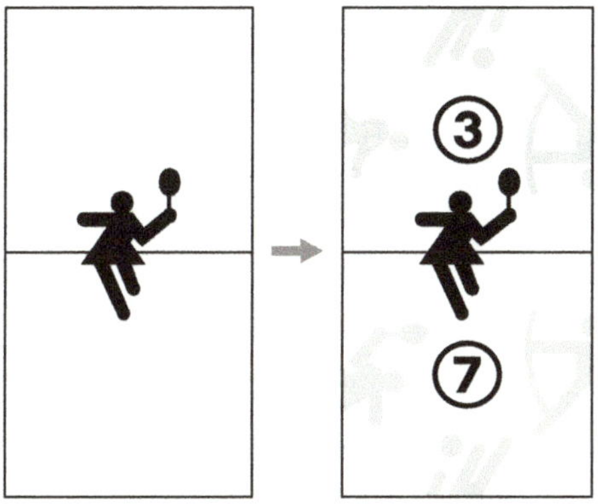

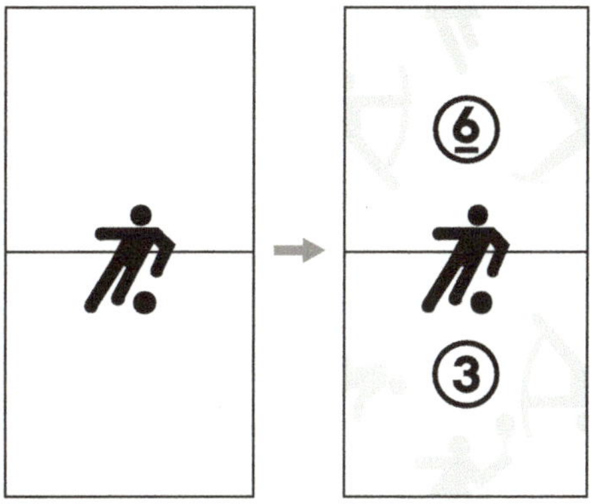

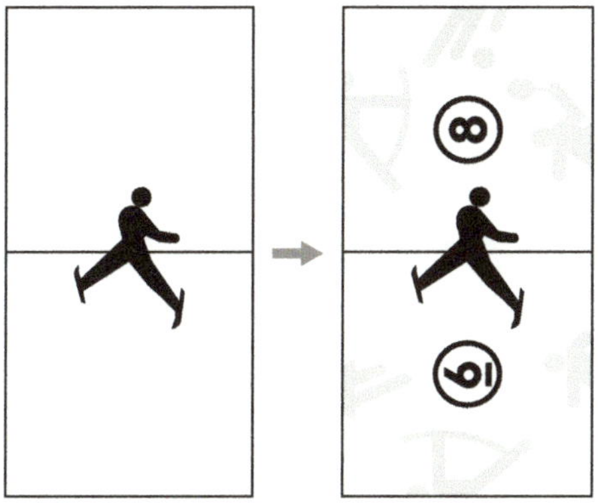

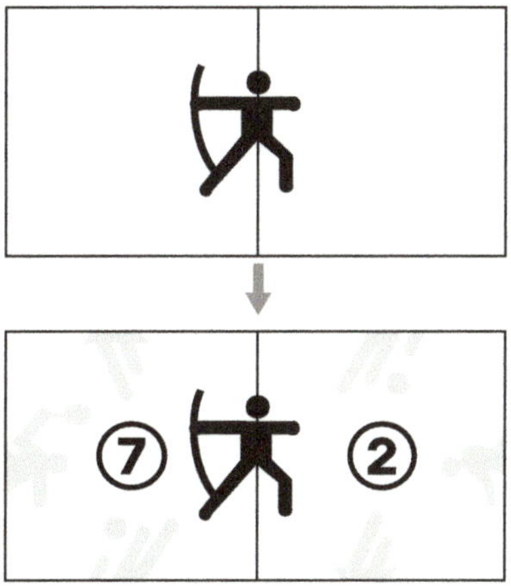

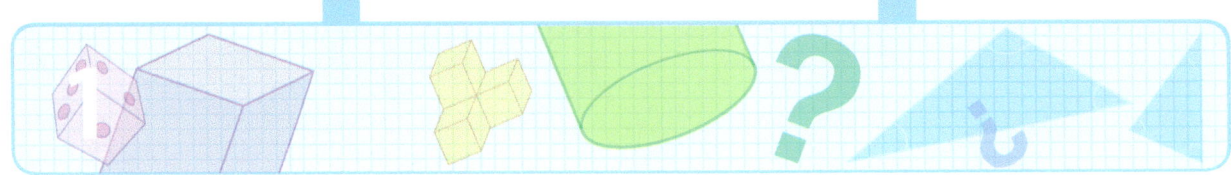

3조각 맞추기

해답은 아래 번호 외에 또 있을 수 있다.

(문제)

(해답) ⑦ ② ⑤

(문제)

(해답) ⑥ ③ ⑦

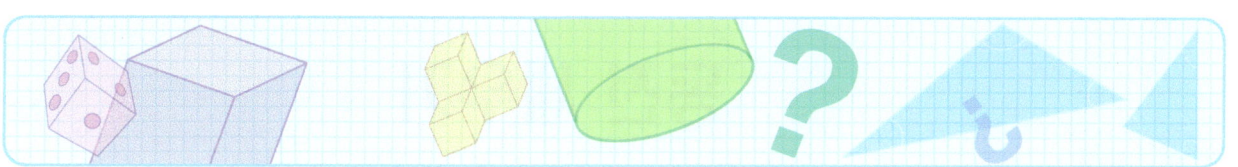

9조각 맞추기 9개의 조각으로는 단 한개의 퍼즐을 완성할 수 있다.

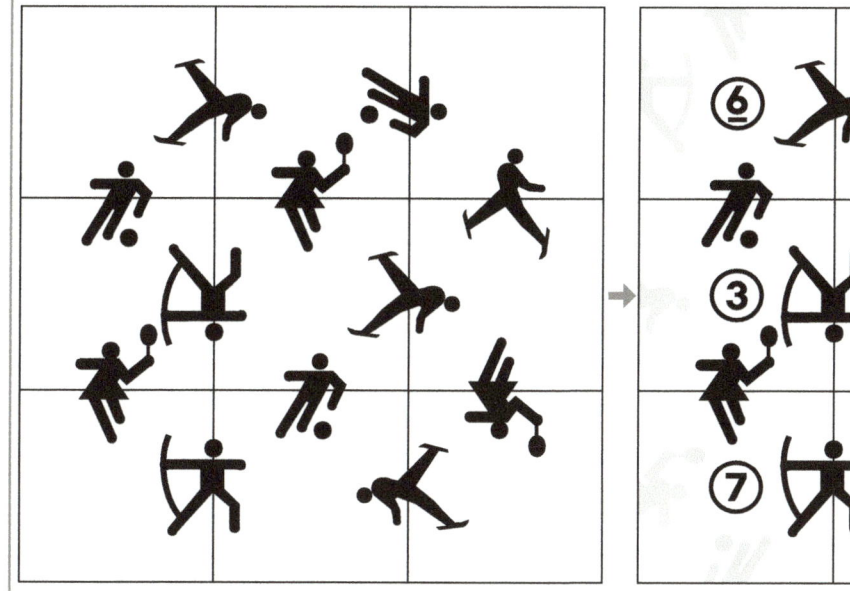

(문제) → (해답)

[Tip]

컴퓨터로 재미있는 퍼즐 놀이를 풀어낼 수 있다. 여러 가지 방법을 동원해서 어려운 문제를 해결해 나갈 때 논리적 사고력이 길러진다.

20 동전 세우기

놀이목표
명함종이 위에 동전 세우기

준비물

동전, 명함종이

놀이방법
1. 명함종이를 세워 그 위에 10원짜리 동전을 세워 본다.

지도사항
1. 일반적인 방법으로는 동전을 명함종이에 세울 수가 없다.
2. 급하게 당기면 동전이 떨어질 수도 있으나 조금만 주의를 기울이면 성공한다.
3. 한 번에 성공할 수도 있고 그렇지 않을 수도 있으니 차분히 성공할 때까지 해본다.

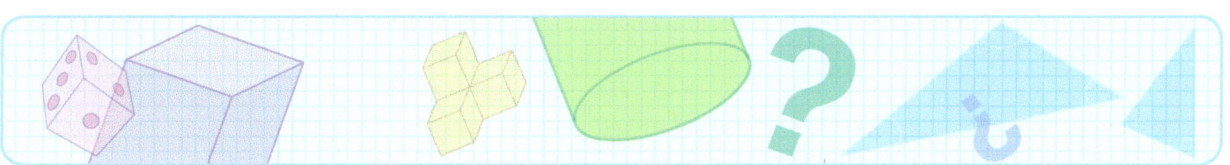

동전 세우는 방법

1. 먼저 명함종이를 세워 그 위에 동전을 올려 본다. 아래 사진처럼 동전이 종이 위에 서지 못하고 중심을 잃고 떨어진다.

2. 사진과 같이 명함종이를 반으로 접었다 90도 각으로 편다.

수학실험마당 • 83

동전 세우는 방법

3. 사진과 같이 반쯤 접힌 명함종이 위에 동전을 올려 놓는다. 동전이 떨어지지 않고 올라서 있다. 여기까지는 쉽다.

4. 명함종이의 양끝을 잡고 서서히 잡아 당겨 명함종이를 편다.
5. 펼쳐진 명함종이 위에 동전이 그대로 균형을 잡고 떨어지지 않는다.

[Tip]

접어진 명함종이의 양끝을 잡고 펼치면 동전의 중심이 서서히 이동하면서 스스로 무게중심을 잡아 균형을 유지하게된다. 약간의 무게가 나가는 동전이 더 잘 세워지므로 100원짜리 동전으로도 도전해 본다.

21 나사선 만들기

놀이목표

원기둥에 종이를 감아서 나사선 만들기

준비물

투명관

나사선 종이

나사선 종이, 투명관

놀이방법

1. 주변의 나사모양을 떠올린다.
2. 나사선 종이를 감은 후 투명관 안에 넣는다.
3. 종이관의 나사선 모양을 관찰한다.

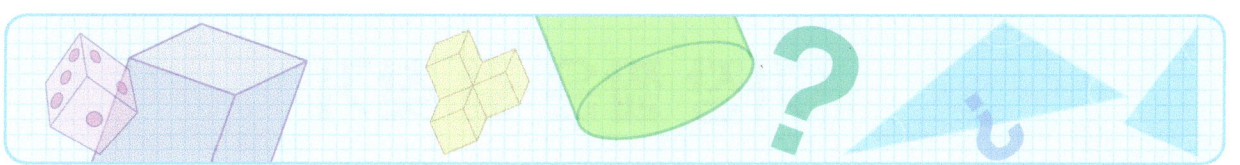

지도사항

1. 나사의 역할을 알려준다.
2. 나사선은 곡선처럼 보이지만 직선을 곡면(종이관)에 감은 선이라는 것을 알려준다.

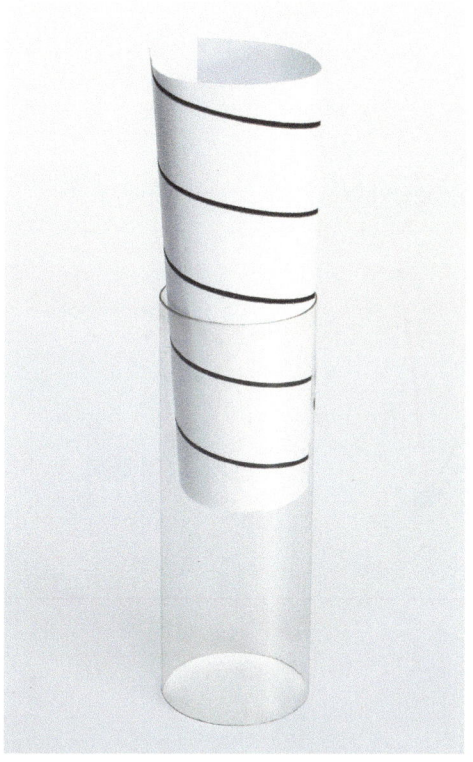
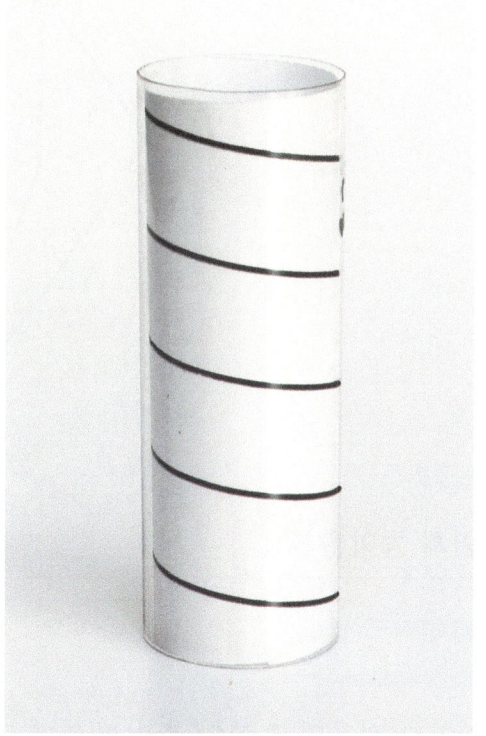

[Tip]
나사가 한바퀴 돌아갔을 때 앞으로 나가는 길이를 1피치라고 한다.

22 가장 짧은 길 찾기

놀이목표

정육면체에서 두 점을 연결하는 지름길(가장 짧은길) 찾기

준비물

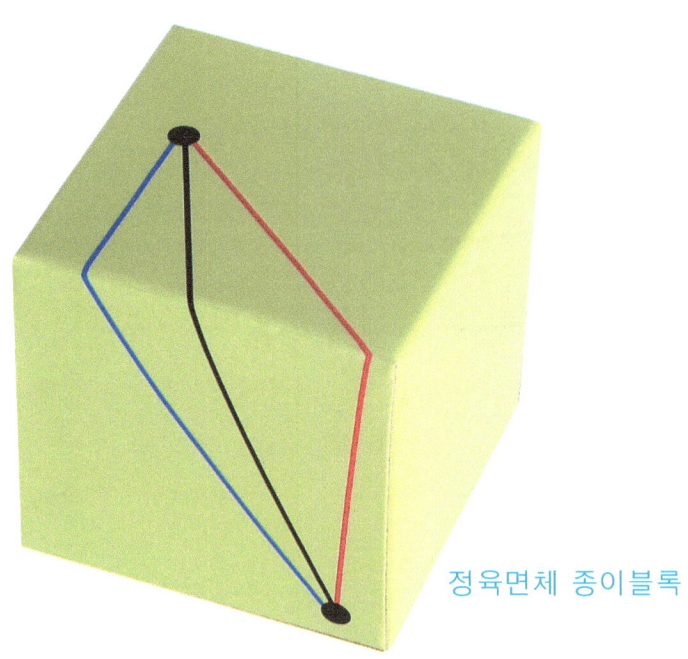

정육면체 종이블록

정육면체 종이블록

놀이방법

1. 주어진 정육면체 모양 종이블록의 두 점을 관찰한다.

2. 두 점을 연결하는 세 가지 길 중에서 어느 길이 가장 짧은 길인가를 생각한다.

3. 정육면체 종이블록을 펼쳐 전개도에서 두 점을 잇는 선들을 확인하고 펼쳤을 때와 정육면체였을 때의 선의 길이가 생각한 것과 일치하는지 확인한다.

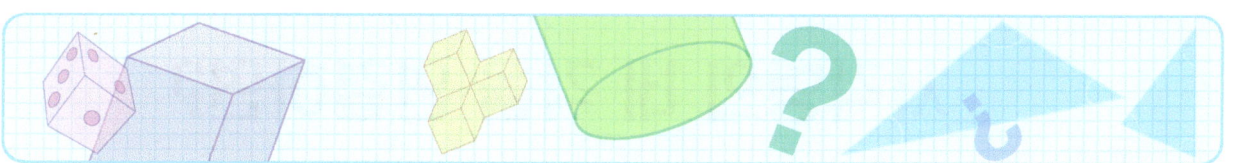

지도방법

1. 두 점을 연결하는 가장 짧은 길은 두 점을 잇는 직선이다. 즉 곡선도 아니고 꺾어진 선도 아니다.

2. 입체 종이블록에서는 확인이 어려웠던 지름길이 전개도에서는 쉽게 확인 할 수 있음을 알려준다.

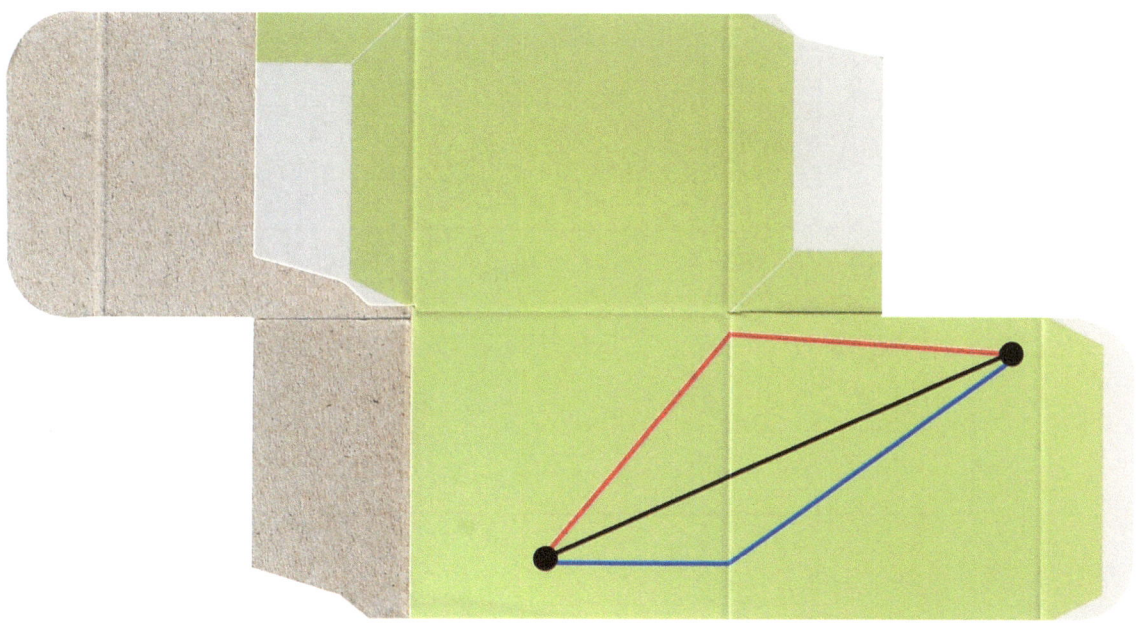

직선인 검은색 선이 가장 짧다.

[Tip]

정육면체 종이블록에서 면의 두 점이 세 개 또는 네 개를 지나도록 그린 후 전개도에서 다시 확인 할 수 있다.

23 사각형의 네 각을 연결하면?

놀이목표

사각형의 네 각의 합을 알아본다.

준비물

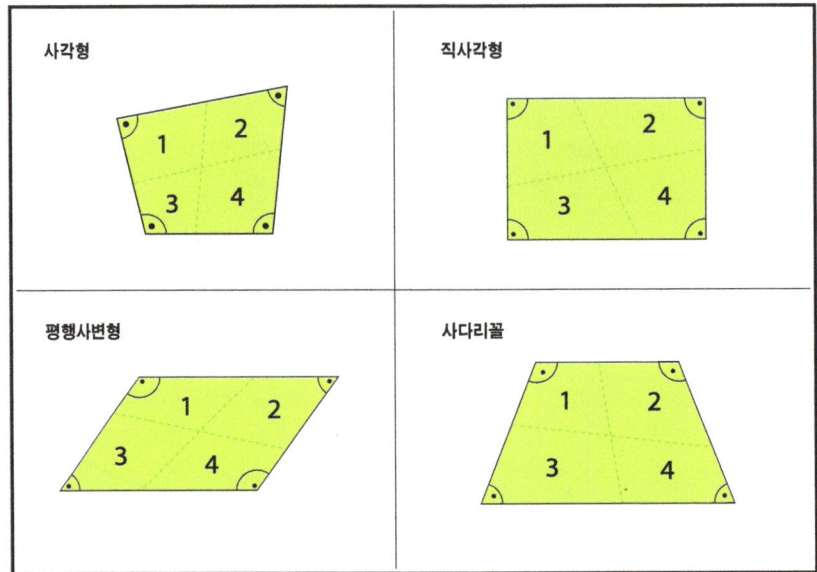

사각형 그림 종이

사각형 그림 종이, 가위

놀이방법

1. 사각형 조각의 점선을 따라 네 조각으로 오린다.
2. 오려진 네 조각의 외각끼리 가운데 모이도록 놓아 본다.
3. 사각형 네 각의 합을 관찰한다.

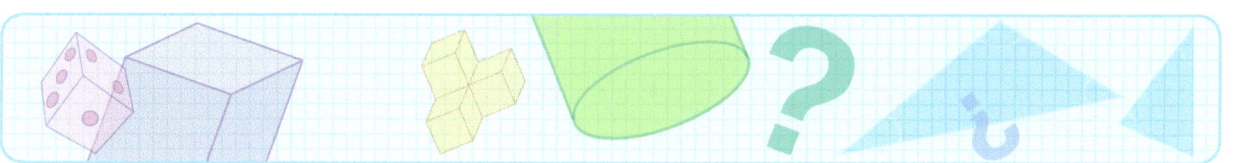

지도사항

1. 사각형은 각이 네 개이고 변이 네 개이다.

2. 사각형에서 네 변의 길이와 각이 모두 같으면 정사각형, 네 변이 같으면 마름모, 네 각이 같으면 직사각형, 마주보는 두쌍의 변이 평행하면 평행사변형, 한쌍의 변이 평행하면 사다리꼴이다.

3. 사각형의 네 각을 모두 더하면 360도이다.

[Tip]

사각형의 외각의 합은 360도이다. 모든 다각형의 외각의 합은 항상 360도이다.

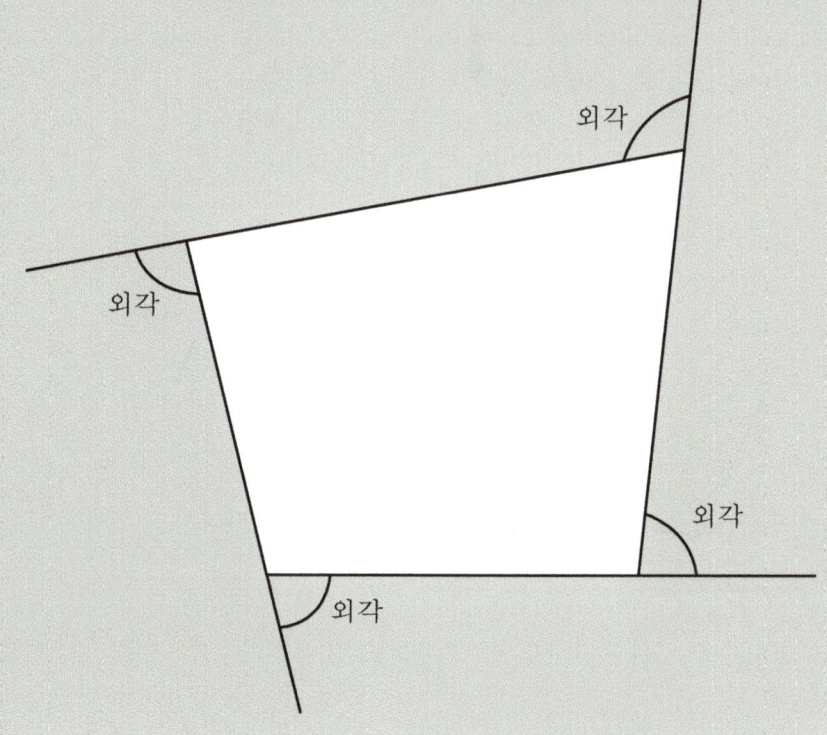

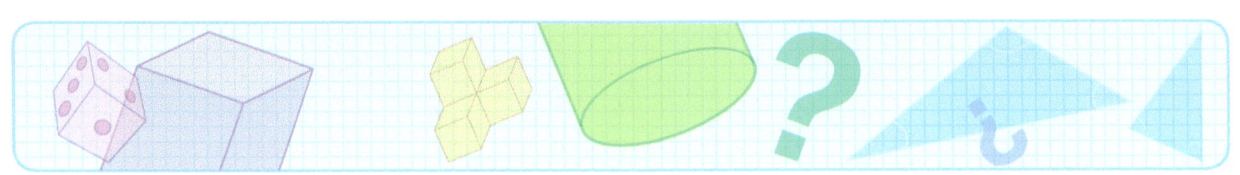

직사각형

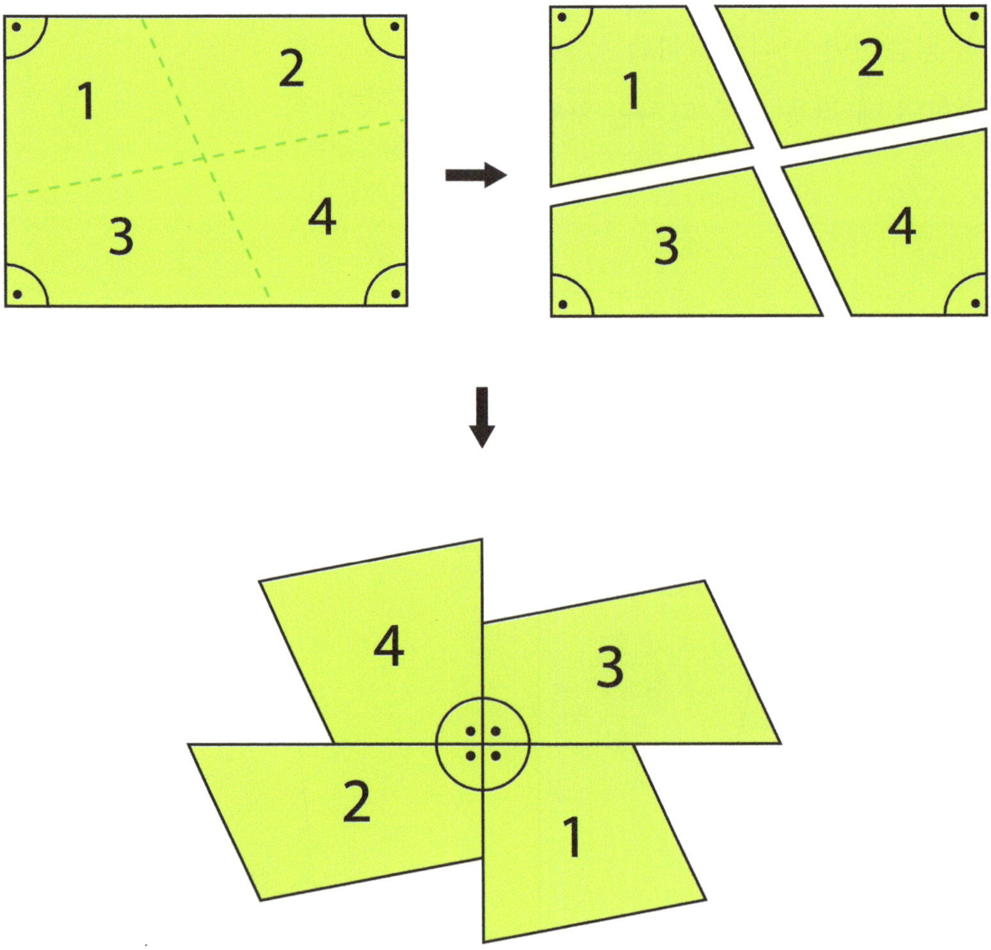

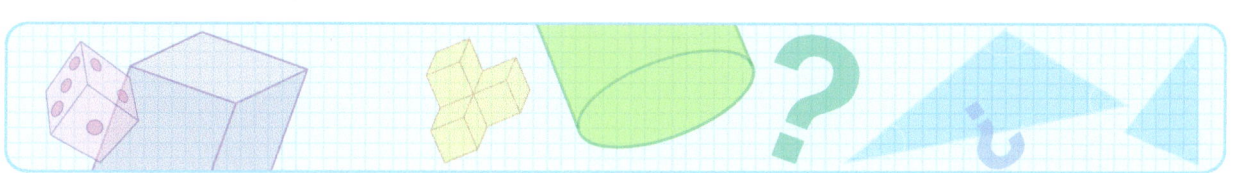

사다리꼴

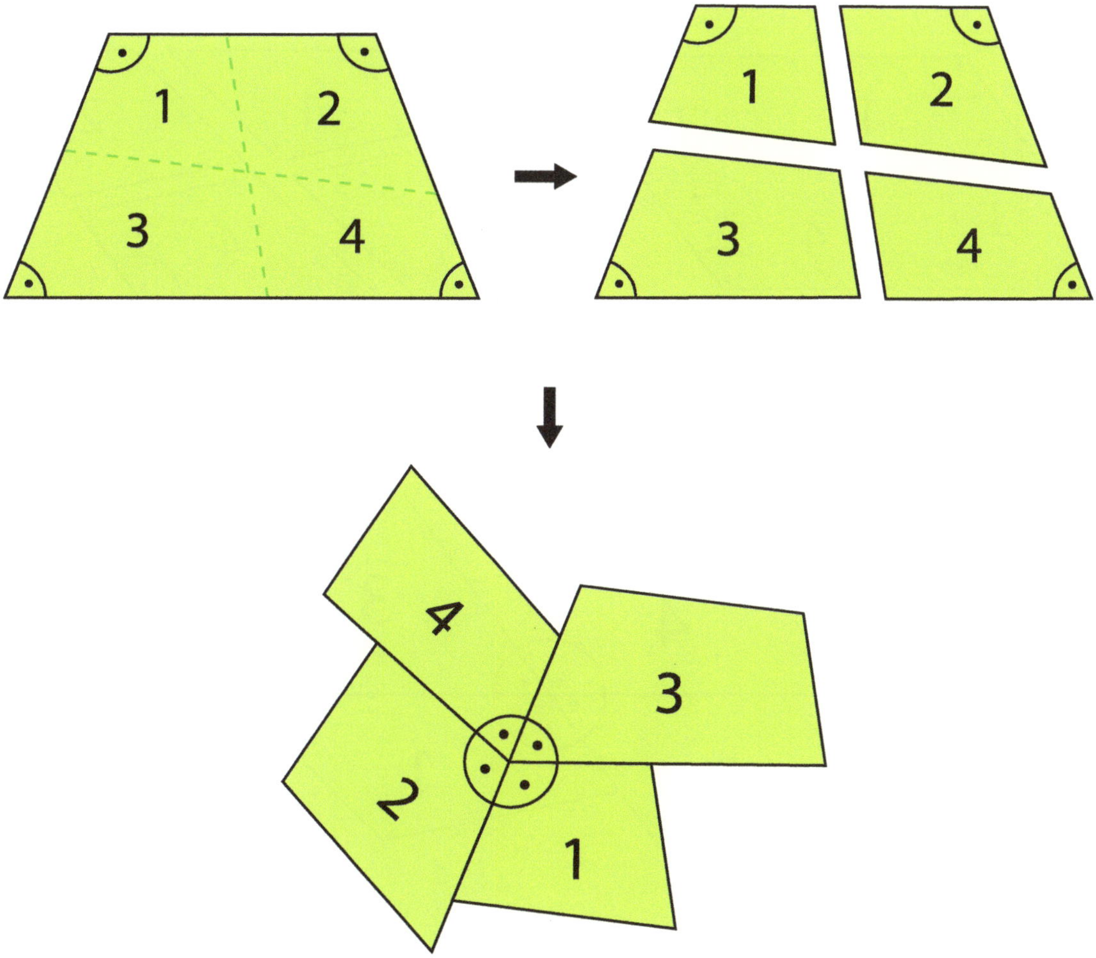

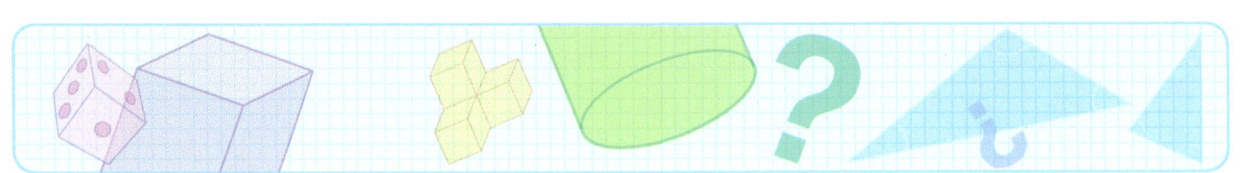

평행사변형

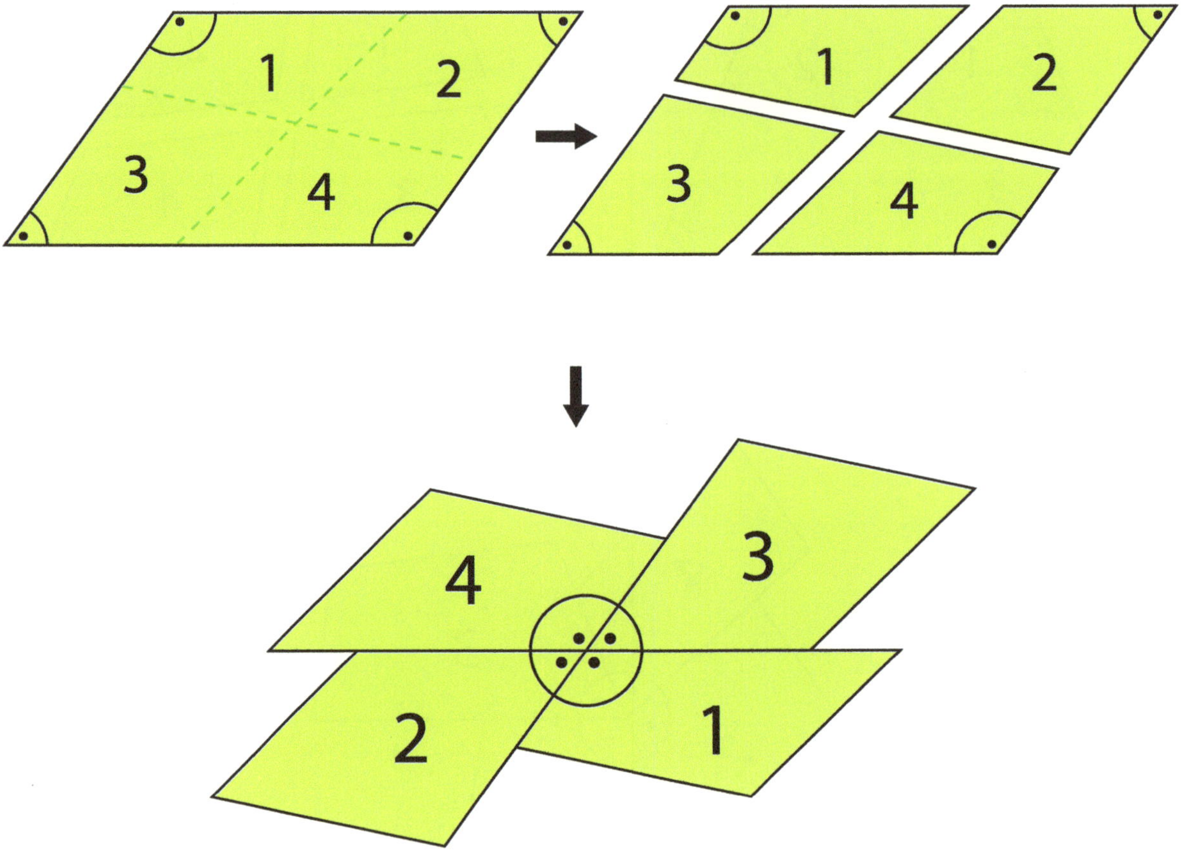

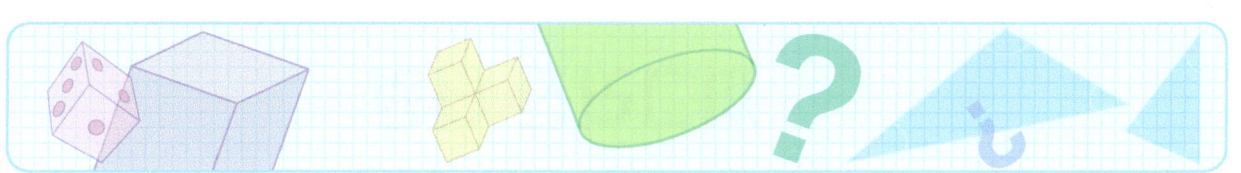

사각형

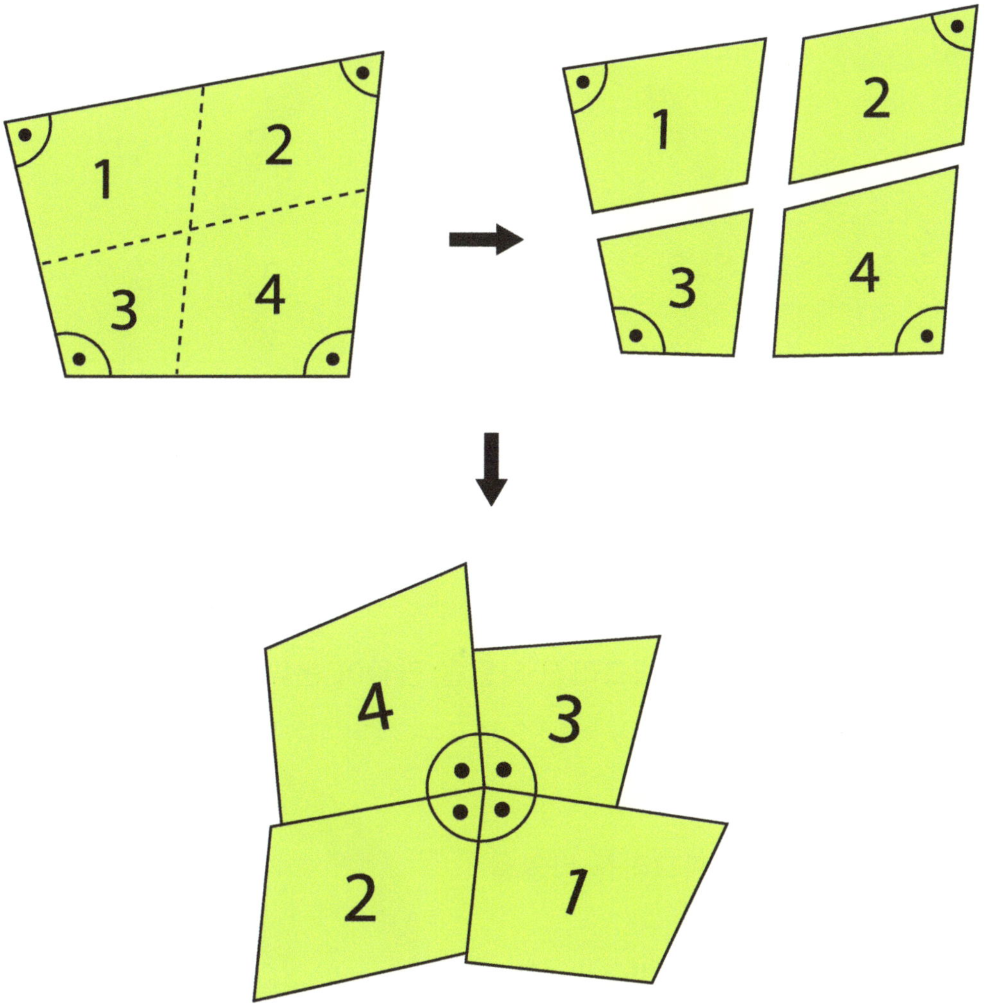

수학실험마당 • 95

찌그러진 타원

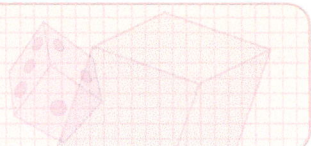

놀이목표

반고리 두 개로 찌그러진 타원 만들기

준비물

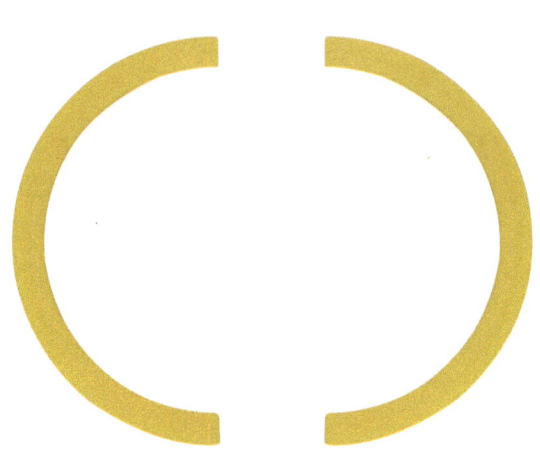

반고리 2개

놀이방법

1. 반고리 두 개를 연결해서 찌그러진 타원을 만들어 본다.

지도사항

1. 정상적인 방법으로는 찌그러진 타원을 만들 수 없다.

2. 생각의 전환이 필요하다. 반고리 하나를 바닥에 놓고 다른 반고리를 지름의 양끝이 맞도록 세우고 일정한 거리를 두고 보면 타원처럼 보인다.

수학실험마당

재미놀이 7

정삼각형 만들기

마름모가 정육각형으로

정사각형 두 개 만들기

반원으로 정사각형 만들기

25 정삼각형 만들기

놀이목표
이등변삼각형으로 정삼각형 만들기

준비물

둔각이등변삼각형 3개

놀이방법

1. 주어진 둔각이등변삼각형을 관찰한다.
2. 주어진 둔각이등변삼각형으로 정삼각형이 되도록 연결해 본다.

지도사항

1. 정삼각형은 세 변의 길이가 같다. 그리고 세 각은 각각 60도이다.

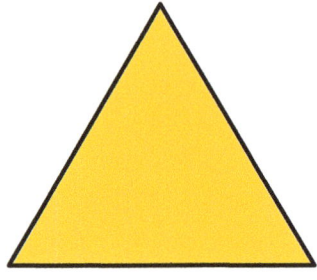

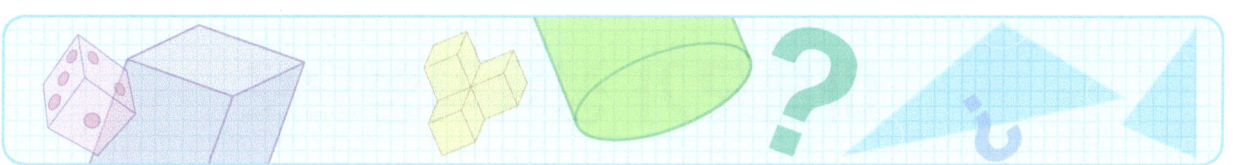

2. 주어진 둔각이등변삼각형은 가장 큰 각이 120도이고 양끝의 각은 30도이다.

3. 아래와 같이 놓으면 가운데는 360도이고 빗변의 길이가 모두 같고 나머지 세 각은 60도인 정삼각형을 만들 수 있다.

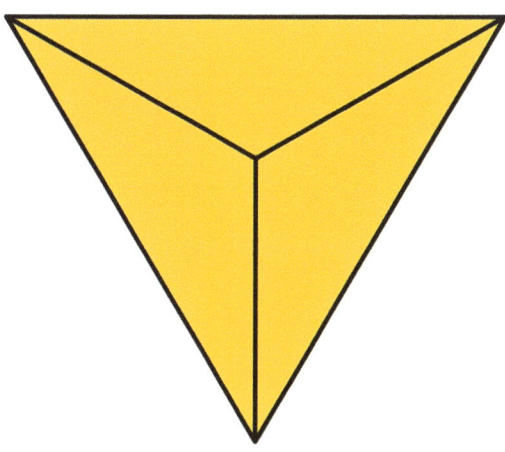

26 마름모가 정육각형으로

놀이목표

마름모로 정육각형 만들기

준비물

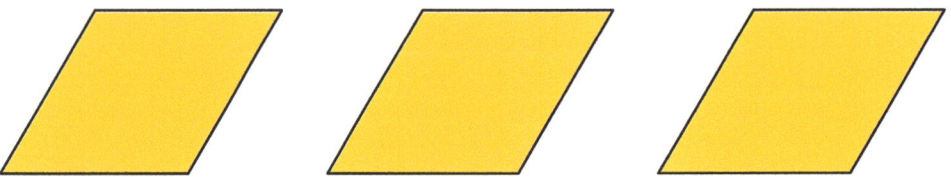

마름모 조각 3개

놀이방법

1. 마름모 모양을 관찰한다.
2. 마름모 조각 세 개로 정육각형을 만들어 본다.

지도사항

1. 마름모의 특징을 알려준다.
   즉, 네 변이 같으면 마름모다.

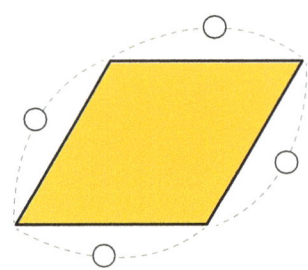

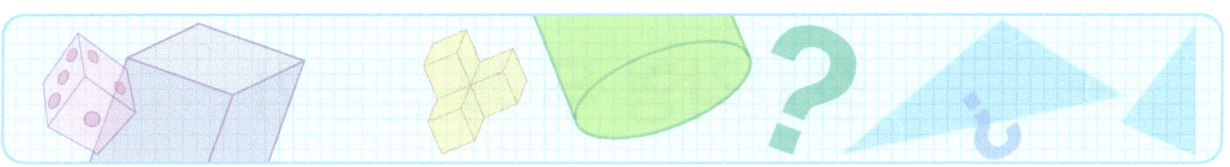

2. 주어진 마름모 모양의 특징을 알려준다. 작은 각은 60도와 큰 각은 120도의 각을 가진 마름모 꼴이다.

3. 아래와 같이 마름모 세 개를 연결하면 가운데에 120도 세 개가 모여 360도가 되면서 빈 틈이 없어지고 겉면이 육각형이 된다. 정육각형이 되었다.

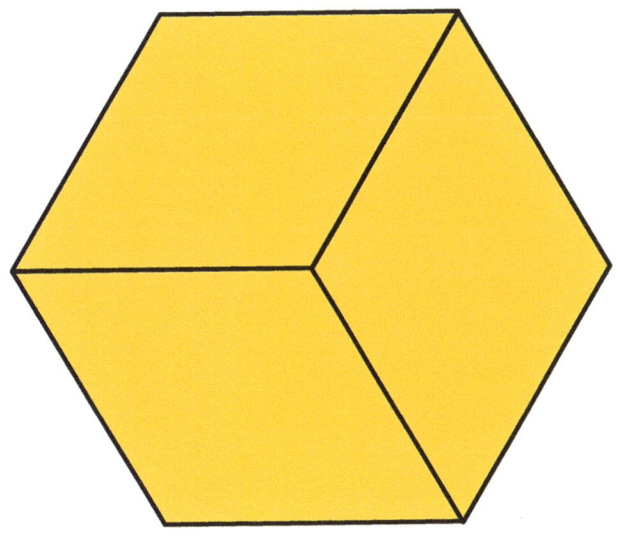

[Tip]

정사각형은 마름모의 한 종류이다.

27 정사각형 두 개 만들기

놀이목표

직각이등변삼각형 네 조각으로 크기가 다른 정사각형 두 개 만들기

준비물

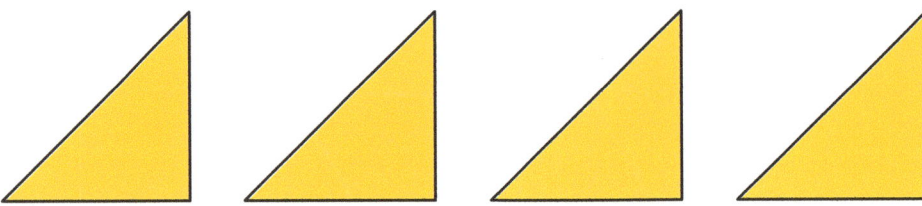

직각이등변삼각형 4개

놀이방법

1. 주어진 직각이등변삼각형을 관찰한다.
2. 직각이등변삼각형 네 조각으로 큰 정사각형과 작은 정사각형 두 개를 한 번에 만들어 본다.

지도사항

1. 주어진 직각이등변삼각형을 두 개씩 연결하면 크기가 같은 정사각형 두 개를 만들 수 있다.

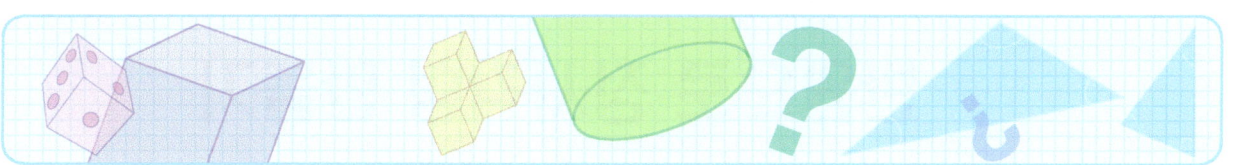

2. 아래와 같이 직각이등변삼각형 네 개를 연결하면 큰 정사각형 한 개가 만들어진다.

3. 직각이등변삼각형 네 개를 사용하면 한 번에 크기가 다른 정사각형 두 개를 만들 수 있다. 생각의 전환이 필요한 문제이다.
아래와 같이 연결하면 가운데는 작은 정사각형, 바깥에는 큰 정사각형인 두 개의 정사각형을 한 번에 만들 수 있다.

반원으로 정사각형 만들기

놀이목표

반원으로 정사각형 만들기

준비물

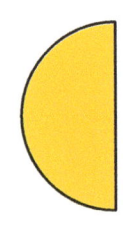 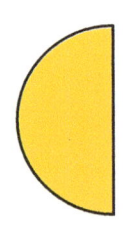  

반원 4개

놀이방법

1. 반원 4개로 정사각형을 만들어 본다.

지도사항

1. 반원으로 정사각형을 만드는 것은 생소한 문제이다.
2. 그림과 같이 바깥 모양이 아니라 안쪽의 모양이 정사각형이 되게 하는 것이다.
3. 생각의 전환이 필요한 문제이다.

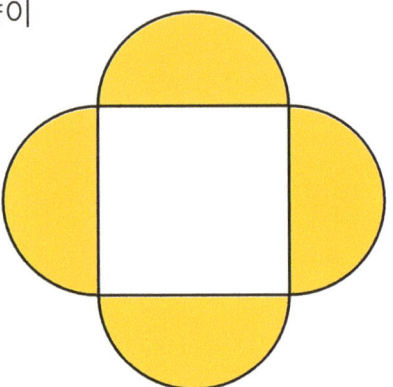

29 정사면체 만들기

놀이목표

정사면체 만들기

준비물

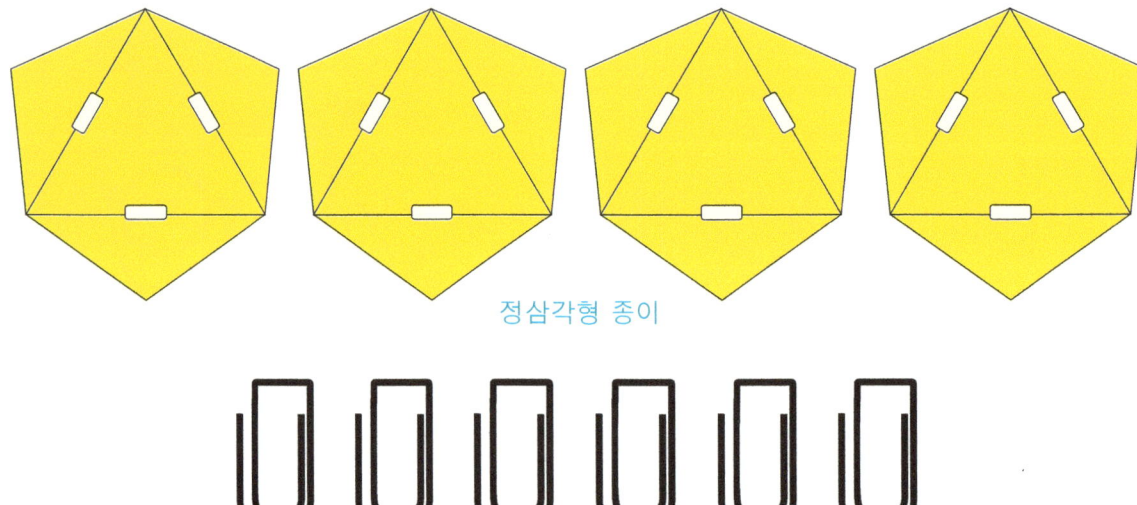

정삼각형 종이 4개, 클립 6개

놀이방법

1. 정삼각형 종이와 클립을 끼워 정사면체를 만든다.
2. 정사면체를 관찰한다.
3. 정사면체의 면, 모서리, 꼭짓점을 익힌다.

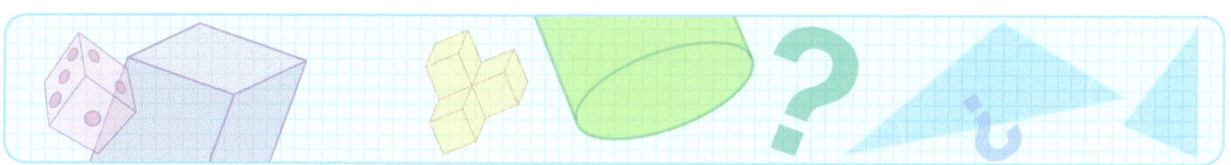

접는 방법

1. 접는 표시를 따라 접은 후 날개가 안쪽으로 들어가도록 접은 부분을 꼭꼭 눌러준다.

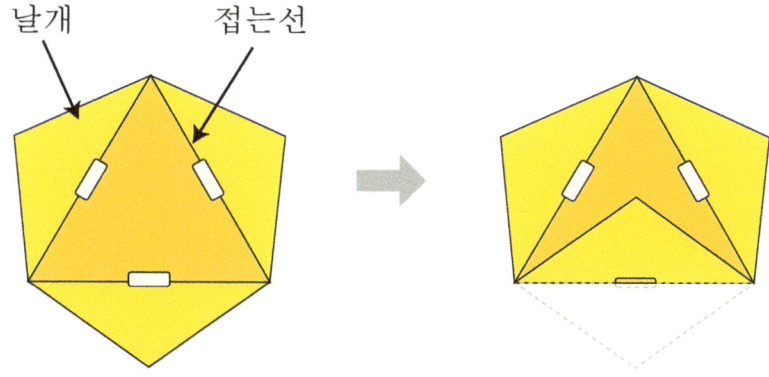

날개 　 접는선

2. 도형과 도형을 연결할 때는 2개의 도형의 구멍난 부분을 모아 클립으로 끼운 후 안쪽으로 밀어 넣는다.

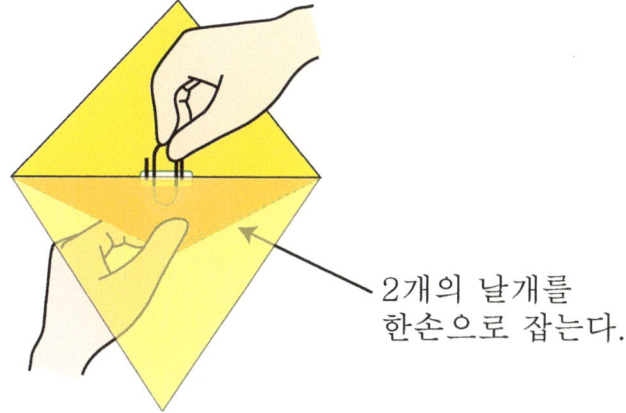

2개의 날개를 한손으로 잡는다.

■ 클립은 한번 들어가면 다시 빼기 어려우므로 처음부터 클립 위치를 잘 확인한다.

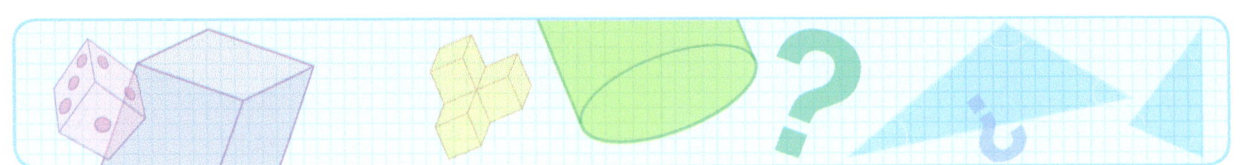

지도사항

1. 정사면체는 정삼각형 4개로 이루어진다는 것을 알려준다.
2. 정사면체의 면, 모서리, 꼭짓점의 수를 세어보도록 한다.

면의 수 : 4개

꼭짓점의 수 : 4개

모서리의 수 : 6개

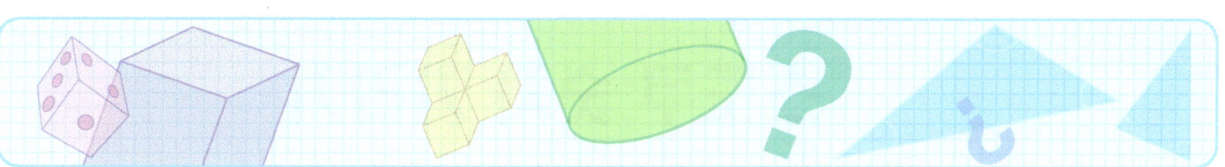

3. 면, 모서리, 꼭짓점의 수 중에서 무엇이 가장 많은가를 알아본다.
   (모서리의 수가 가장 많다.)

4. 위에서 본 모양, 앞에서 본 모양, 옆에서 본 모양을 관찰하도록 한다.
   (아래 그림은 위에서 본 모양이다.)

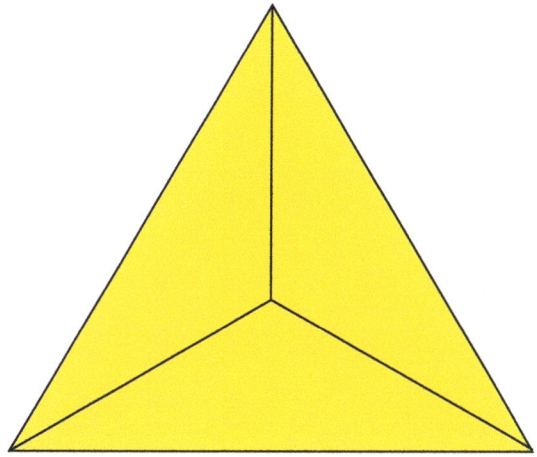

5. 정사면체와 같은 도형을 다면체라 한다.(구나 원기둥은 다면체가 아니다.)

6. 정사면체는 '삼각뿔'이라고도 부른다.

[Tip]

다면체에서는 다음과 같은 관계가 성립한다.

(오일러의 공식) 면의 수 + 꼭지점의 수 = 모서리의 수 +2

정육면체 : 면의 수 4 + 꼭짓점의 수 4 = 모서리의 수 6 +2

30 스도쿠 숫자 가리기

놀이목표

숨겨진 5개의 숫자 알기

준비물

숫자 가리기 숫자판 3 스도쿠

2	1	7	4	8	5	3	9	6
4	9	8	6	3	7	2	5	1
5	3	6	1	2	9	4	7	8
9	5	1	7	4	8	6	2	3
6	8	2	9	1	3	7	4	5
7	4	3	2	5	6	8	1	9
1	6	5	3	7	2	9	8	4
8	2	9	5	6	4	1	3	7
3	7	4	8	9	1	5	6	2

숫자 가리기 놀이판

숫자 가리기 숫자판, 숫자 가리기 놀이판

놀이방법

1. 아이가 5칸짜리 숫자 가림판을 임의의 위치에 놓아 숫자를 가리도록 한다.
2. 부모(교사)가 가려진 숫자들을 맞춘다.

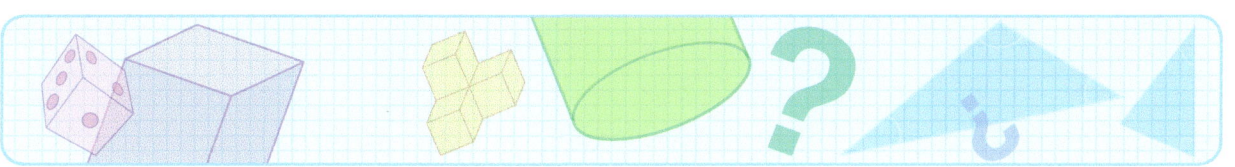

스도쿠 알기

스도쿠 놀이판은 1부터 9까지의 숫자가 가로, 세로 서로 겹치지 않고 한 번씩만 써진 수배열판이다.

2	1	7	4	8	5	3	9	6
4	9	8	6	3	7	2	5	1
5	3	6	1	2	9	4	7	8
9	5	1	7	4	8	6	2	3
6	8	2	9	1	3	7	4	5
7	4	3	2	5	6	8	1	9
1	6	5	3	7	2	9	8	4
8	2	9	5	6	4	1	3	7
3	7	4	8	9	1	5	6	2

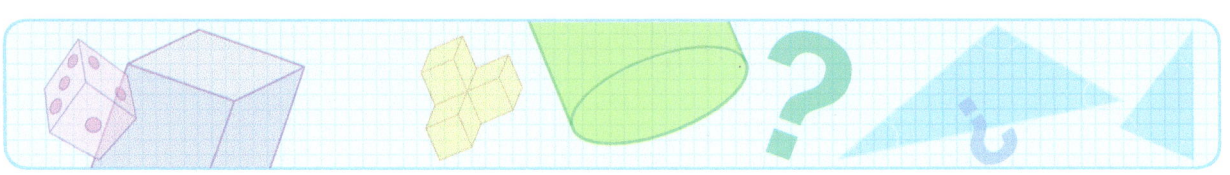

문제의 예.1

1. 스도쿠 놀이판에서 가려진 숫자들은 1부터 9까지의 수 중에서 그 줄에 없는 수이다.

   빠진 수는 왼쪽부터 3, 2, 5, 6, 8이다.

2	1	7	4	8	5	3	9	6
4	9	8	6	3	7	2	5	1
5	3	6	1	2	9	4	7	8
9	5	1	7	4	8	6	2	3
6	8	2	9	1	3	7	4	5
7	4						1	9
1	6	5	3	7	2	9	8	4
8	2	9	5	6	4	1	3	7
3	7	4	8	9	1	5	6	2

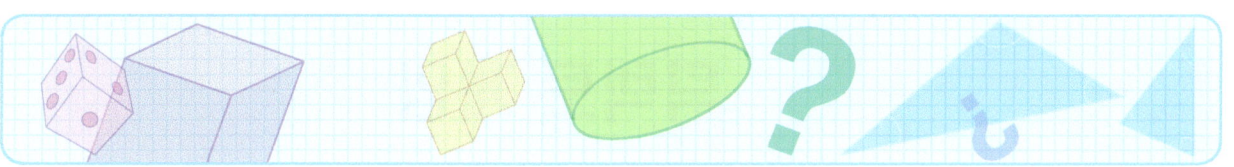

문제의 예.2

1. 스도쿠 놀이판에서 가려진 숫자들은 1부터 9까지의 수 중에서 그 줄에 없는 수이다.

   빠진 수는 위쪽부터 2, 4, 1, 5, 7이다.

2	1	7	4	8	5	3	9	6
4	9	8	6	3	7	2	5	1
5	3	6	1		9	4	7	8
9	5	1	7		8	6	2	3
6	8	2	9		3	7	4	5
7	4	3	2		6	8	1	9
1	6	5	3		2	9	8	4
8	2	9	5	6	4	1	3	7
3	7	4	8	9	1	5	6	2

31 틱택토 게임

놀이목표

놀이말 3개 나란히 만들기

준비물

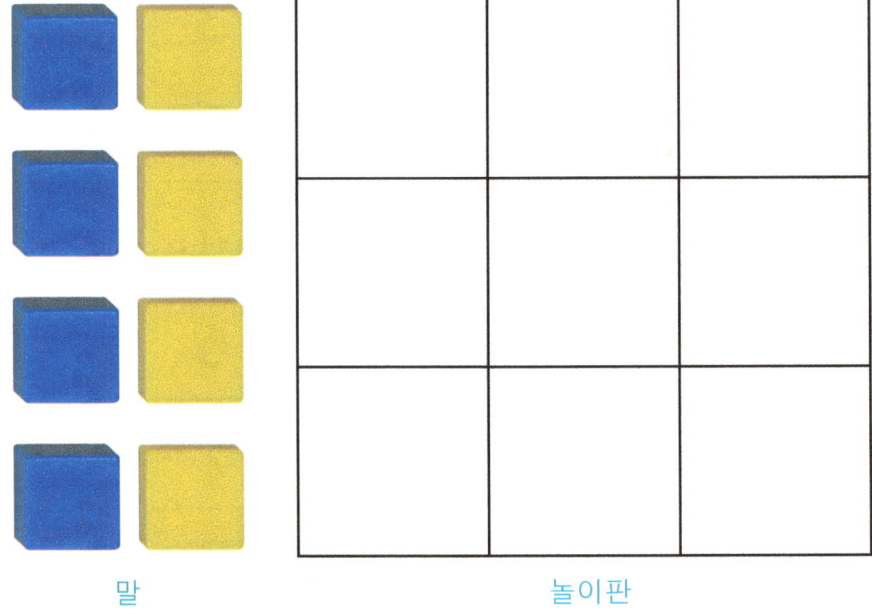

말　　　　　　　　　놀이판

틱택토 놀이판, 서로 다른 색의 말 각 4개씩

놀이방법

1. 각각 서로 다른 색의 말을 4개씩 나누어 갖는다.
2. 서로 번갈아 가며 말을 놓아 같은 색 말이 세 개 나란히 놓이도록 한다.

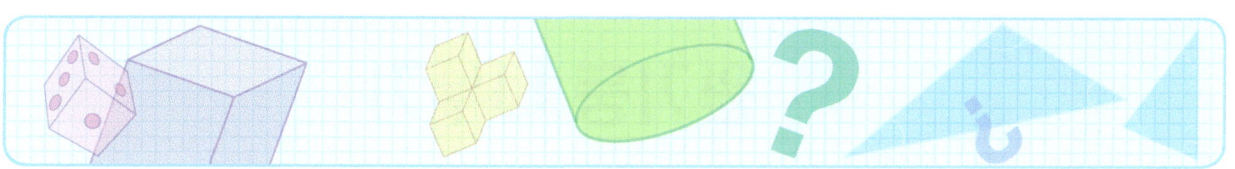

지도사항

1. 규칙을 충분히 익힌 후 게임을 하도록 한다.
2. 순서를 정해 서로 번갈아 가며 빈 칸에 말을 놓는다.
3. 같은 색 말이 직선이나 대각선으로 세 개가 나란히 놓이면 이기는 게임이다.

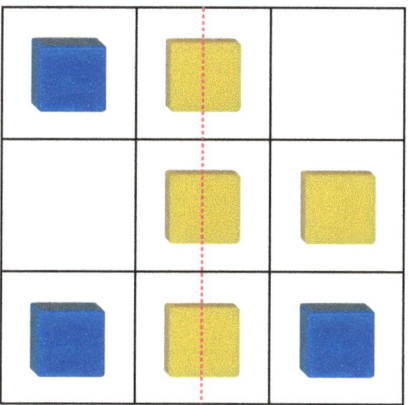
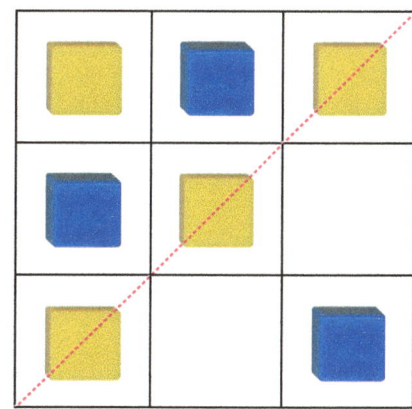

[Tip]

1. 예전부터 내려오는 두뇌 회전 게임이다.
2. 비기는 경우가 많은 게임이다
3. 먼저 말을 놓는 사람이 이길 확률이 높다.

32 원기둥 나누기

놀이목표

원기둥을 세 번 잘라서 8조각 만들기

준비물

원기둥백업, 칼

놀이방법

1. 원기둥 백업을 한 번, 두 번, 세 번 잘라서 8조각 만드는 것을 생각한다.
2. 아이가 자르는 방향을 얘기하면 부모 또는 교사가 직접 잘라준다.

지도방법

1. 어떻게 자를지 자르기 전에 자르는 방향에 대해 이야기 해본다.
2. 생각의 전환이 필요하다.

세번 자르기-6조각

1. 원기둥을 가운데 한 번 자르면 2조각이 된다.

2. 그 상태에서 다시 반을 자르면 4조각이 된다.

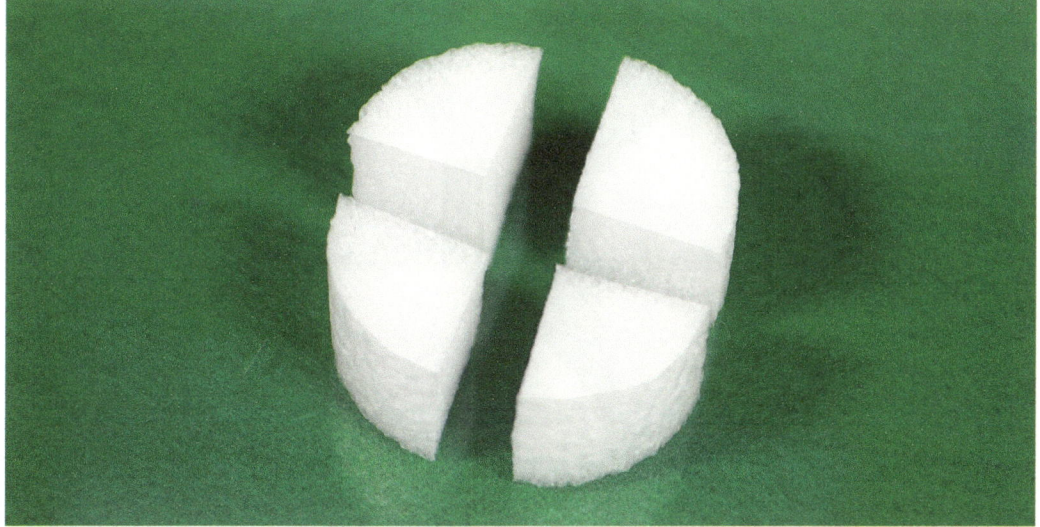

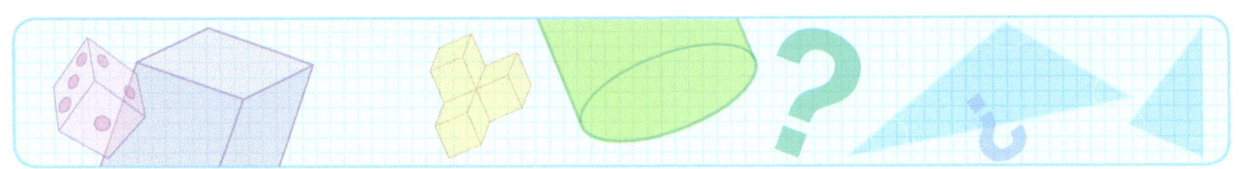

3. 4조각이 된 상태에서 아래 그림처럼 대각선으로 세번째 자른다.

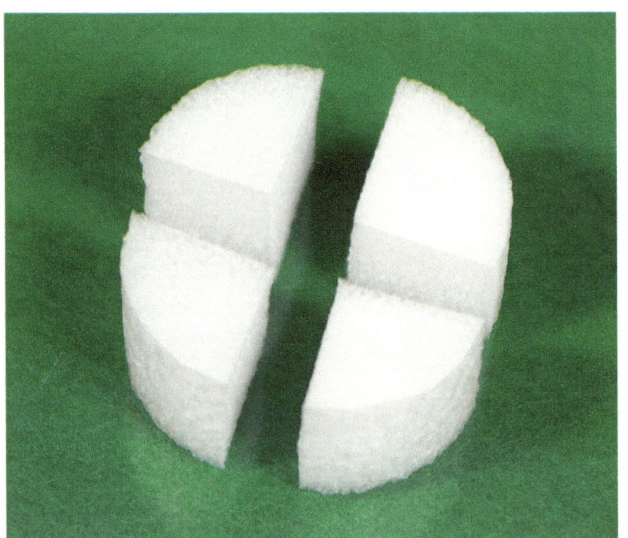
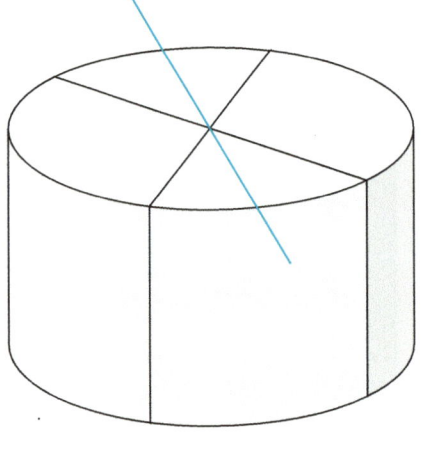

4. 위와 같은 방법으로 세 번 자르니 모두 6조각이 되었다.

세번 자르기-8조각

1. 먼저 그림과 같이 원기둥의 기둥쪽을 반으로 자른다.

2. 원기둥이 2개가 되었다.

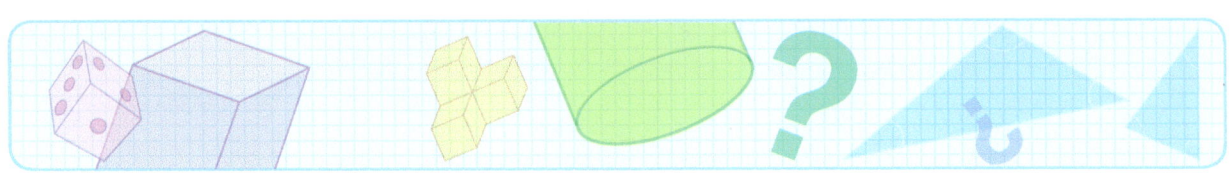

3. 원기둥을 처음처럼 합쳐 아래처럼 반으로 자르면 4조각이 된다. 그런 후 대각선으로 세번째 자른다.

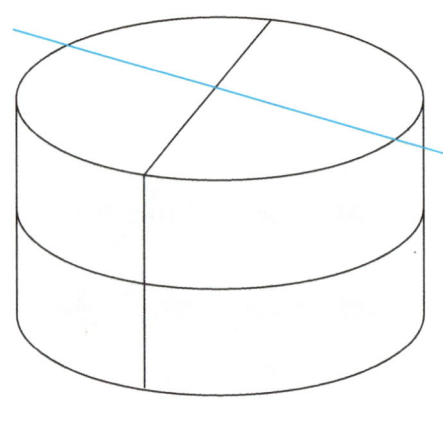

4. 위와 같은 방법으로 세 번 자르니 모두 8조각이 되었다.

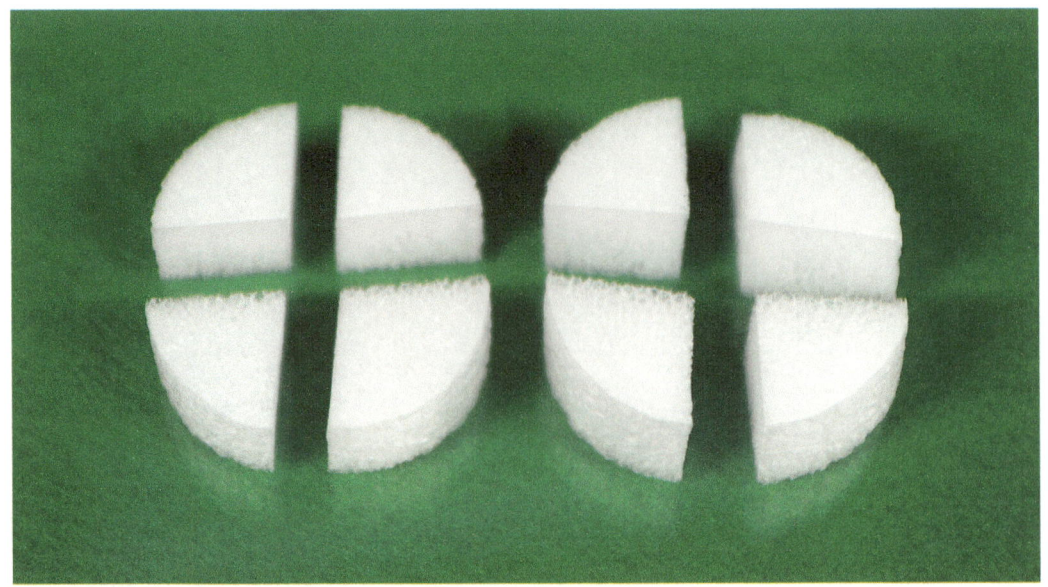

수학실험마당

아이와 함께 하는 40가지 수학놀이

재미놀이 9

- 공모양 구 관찰하기
- 공모양 자른면 알기
- 주차장 놀이
- 큰 원이 작은 원 속으로

33. 공모양 구 관찰하기

놀이목표
공모양 구의 특징 알기

준비물

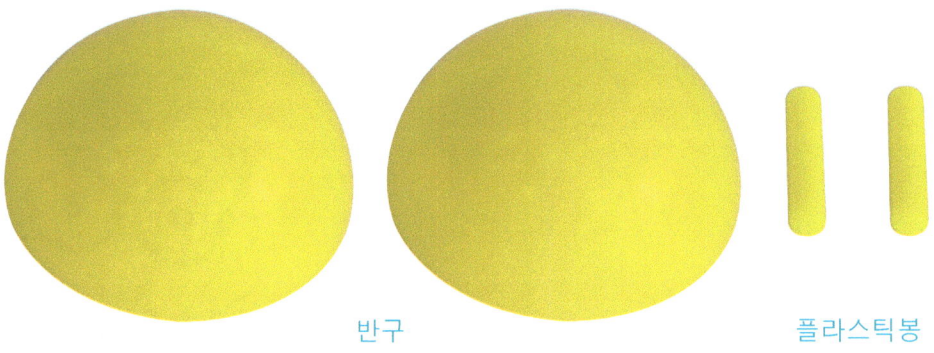

반구   플라스틱봉

반구 2개, 플라스틱봉 2개

놀이방법
1. 주어진 순서대로 공모양 구를 조립한다.
2. 수학적 관점에서 구의 특징을 알아본다.

지도사항
1. 부모 또는 교사가 공모양 구의 여러 특징을 묻고 그 도형의 외형적 특징을 이야기 하도록 한다.
2. 공모양 구와 닮은 사물을 주변에서 찾아보도록 한다.(축구공, 구슬 등등)

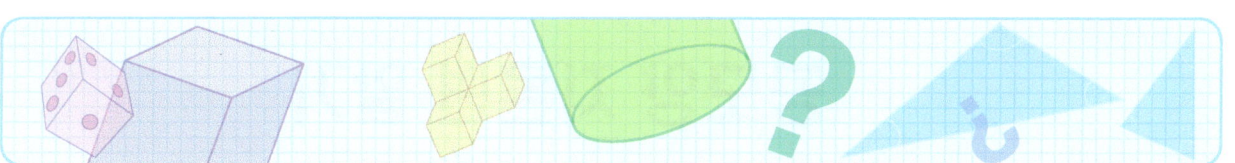

구 만들기

1. 반구에 플라스틱봉을 끼운다.
2. 나머지 반구에 힘을 주어 끼운다.

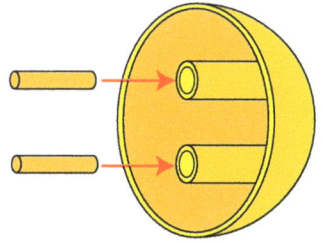
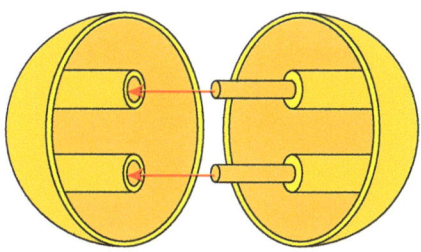

구 탐색

1. 꼭짓점이 없다.
2. 모서리가 없다.
3. 회전을 하여도 모양이 변하지 않는다.

34 공모양 자른면 알기

놀이목표

공모양 구의 자른 모양 알기

준비물

공모양(구) 스치로폼

놀이방법

1. 공모양 구를 여러 가지 방향으로 자른다.

2. 부모(교사)와 함께 공모양 구를 잘랐을 때의 단면에 대해 이야기 한다.

3. 자르기 전에 생각한 것과 실제로 자른면을 비교하며 확인한다.

[Tip]
구는 어떤 각도로 잘라도 단면은 원이 나온다.

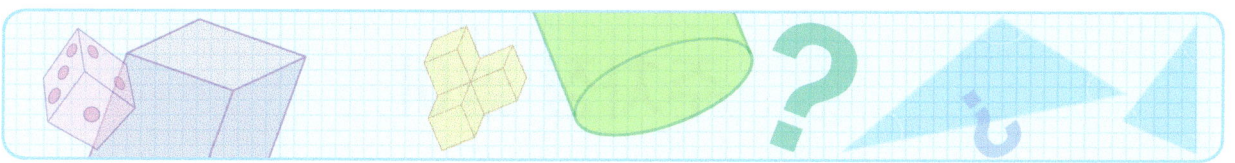

지도사항

1. 공모양 구를 사진처럼 부모(교사)가 여러 방향으로 잘라 본다.
2. 한 번 자른 후 자른 조각의 잘리지 않은 다른 면을 다시 자른다.

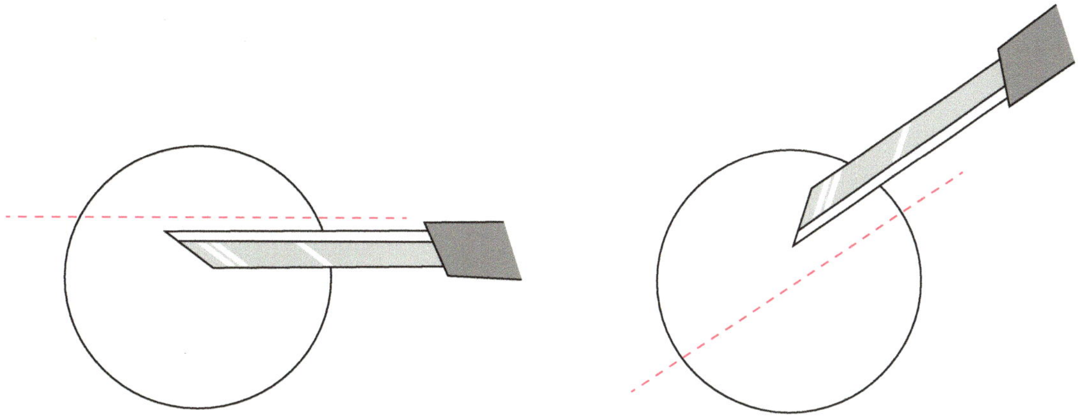

35 주차장 놀이

놀이목표

3개의 자동차 숫자 블록을 왼쪽에서 오른쪽으로 규칙에 따라 옮긴다.

준비물

자동차 숫자블록

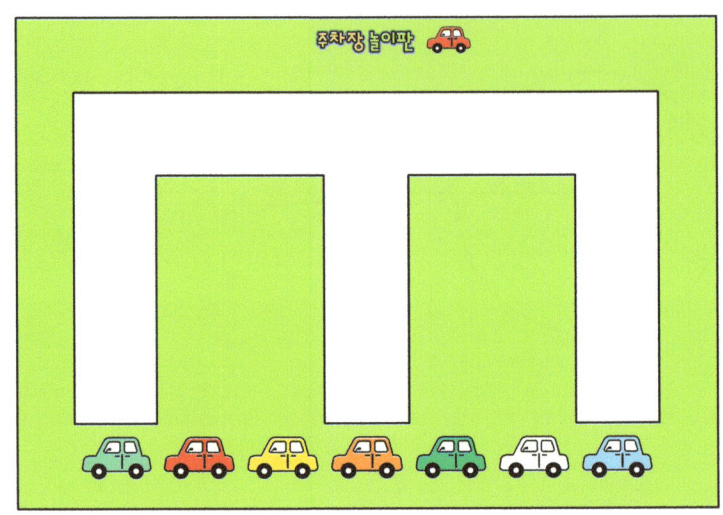

주차장 놀이판

주차장 놀이판, 자동차 숫자블록 3개

놀이방법

1. 놀이의 규칙을 익힌다.

2. 규칙에 따라 숫자블록을 처음 놓았던 순서 그대로 순서가 바뀌지 않도록 하여 왼쪽에서 오른쪽 끝으로 옮긴다.

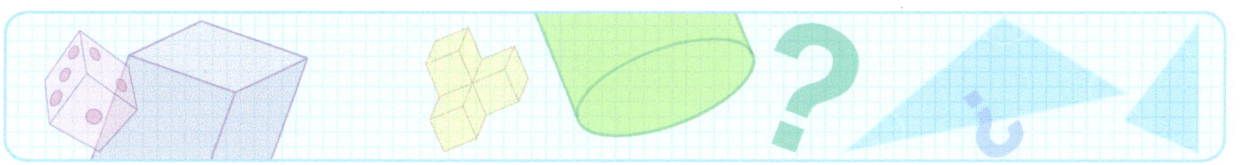

놀이목표

1. 한 번에 한 개씩만 옮길 수 있다. 한 번에 두 개나 세 개를 옮기면 안된다.

(○)

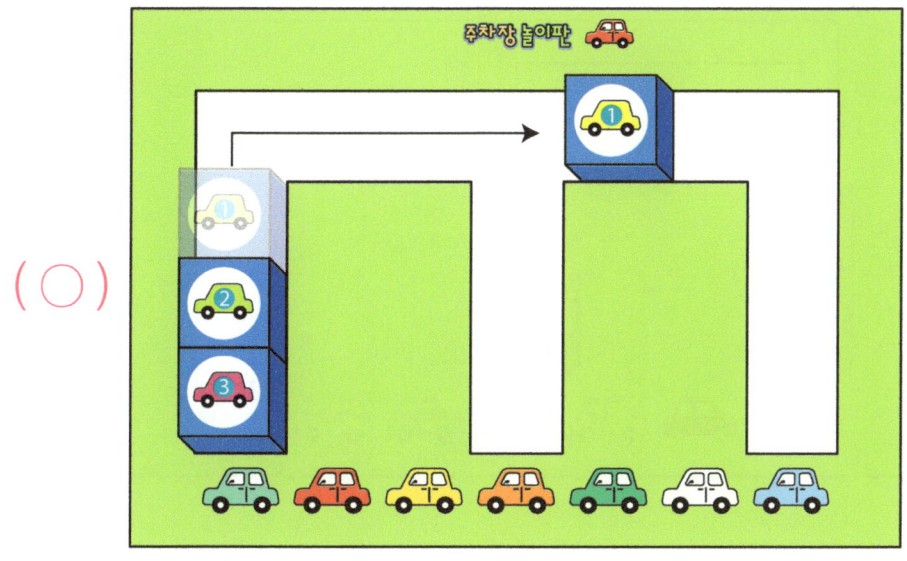

(X)

두 개를 한 번에
옮길 수 없다.

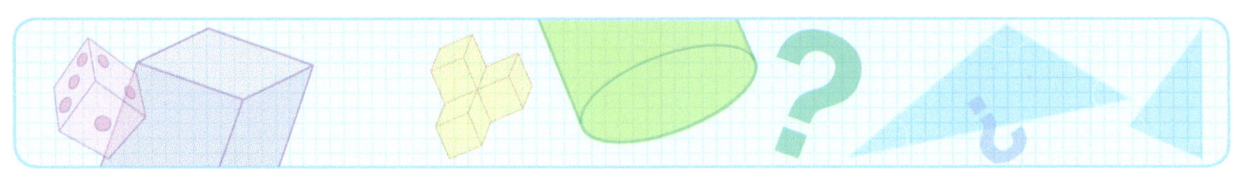

2. 블록은 한 번에 한 개씩 주차장 길의 어느 곳으로도 옮길 수 있다.

(◯)

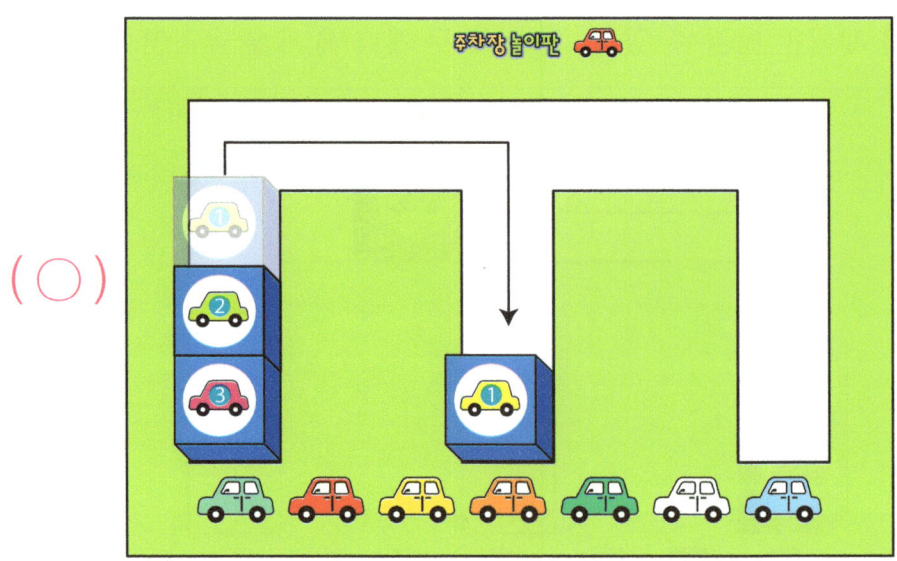

(◯)

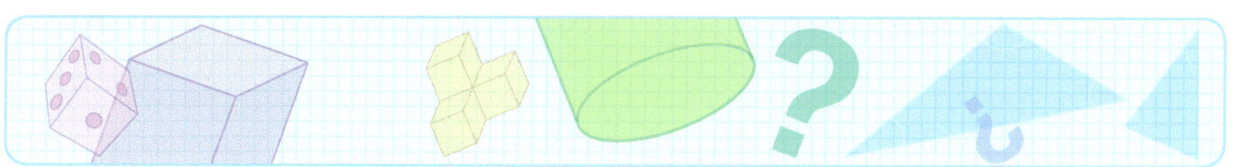

3. 블록은 주차장 흰색길을 벗어나면 안된다.

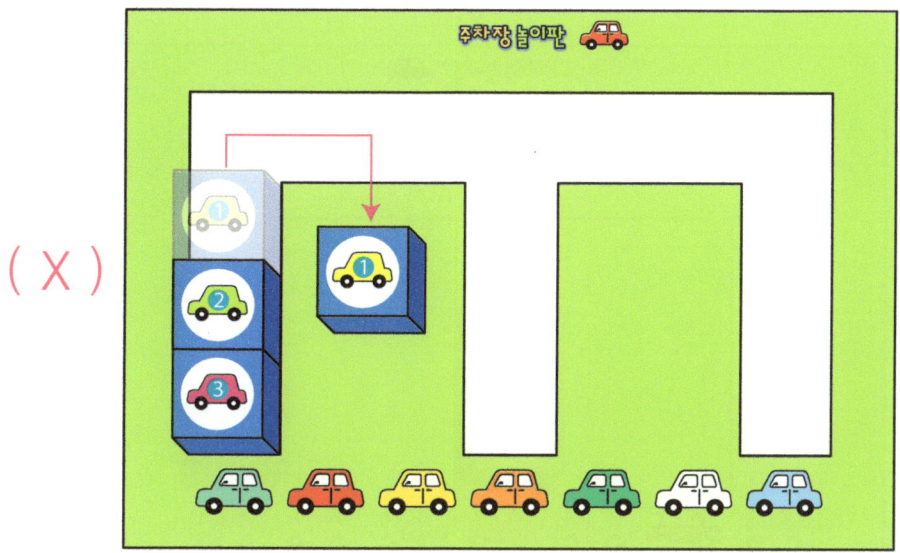

(X)

4. 블록은 작은 숫자 블록 위에 큰 수의 블록이 올라가서는 안된다.

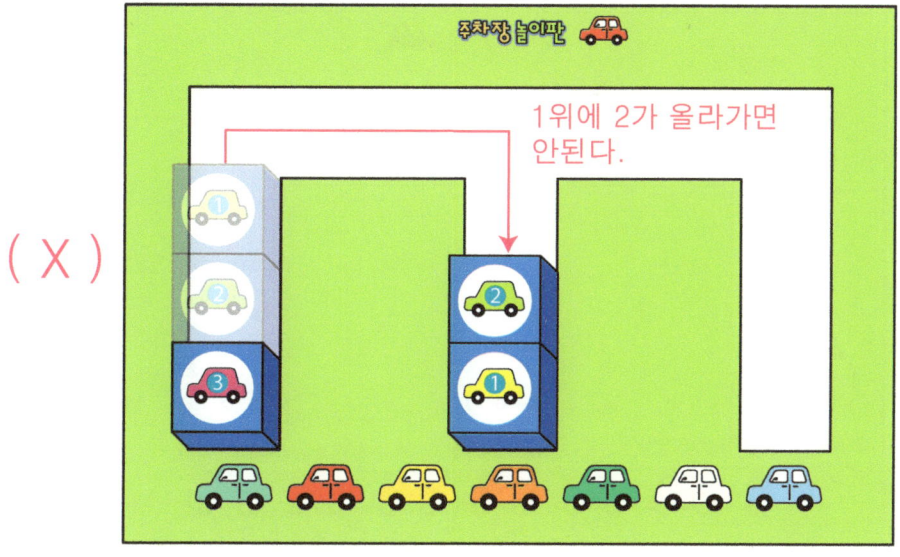

(X)

1위에 2가 올라가면 안된다.

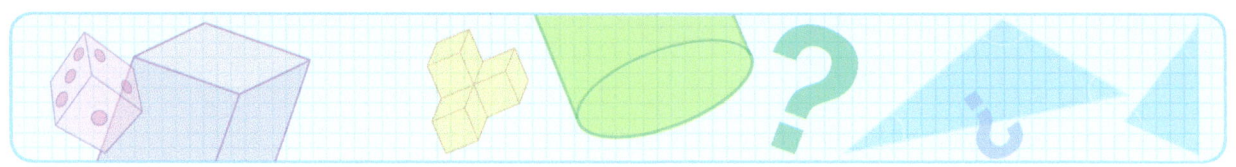

5. 블록은 작은 숫자 블록 위에 큰 수의 블록이 올라가서는 안된다.

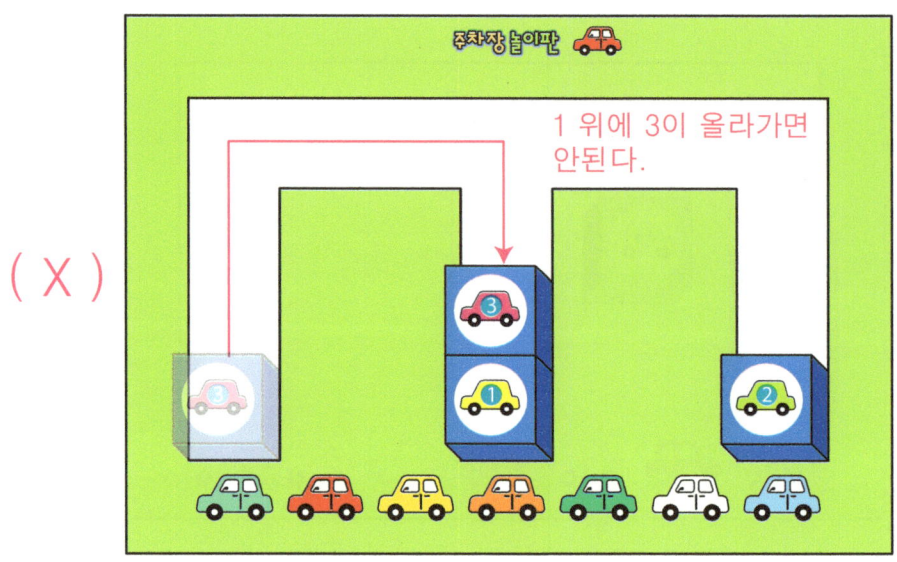

(X) 1 위에 3이 올라가면 안된다.

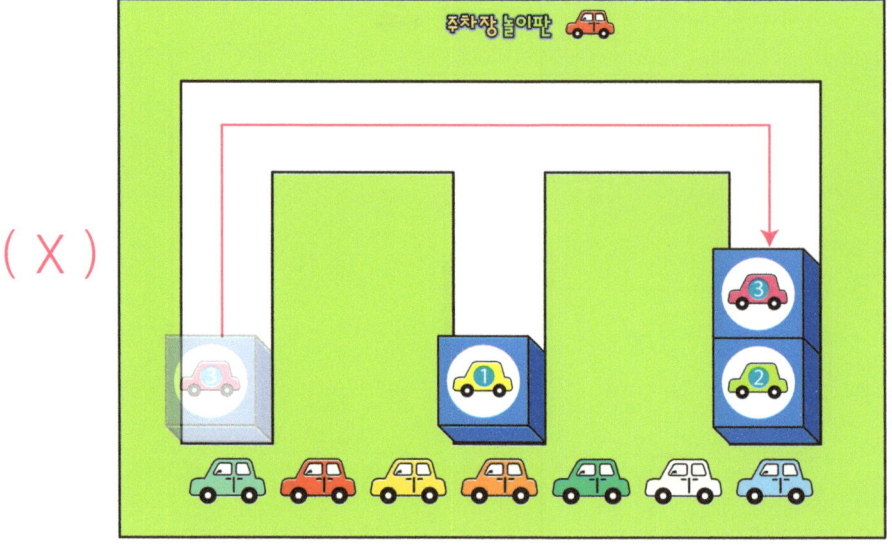

(X) 2 위에 3이 올라가면 안된다.

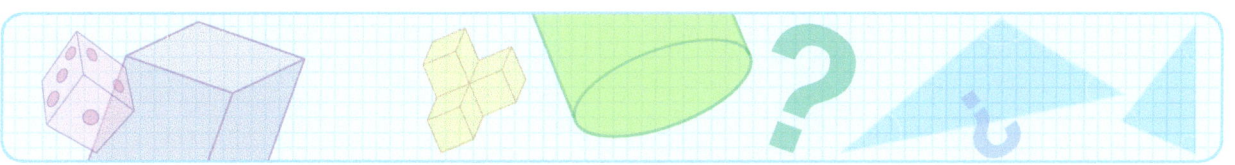

지도사항

아래 그림처럼 자동차 숫자 블록을 숫자 순서가 바뀌지 않게 규칙대로 옮긴다.

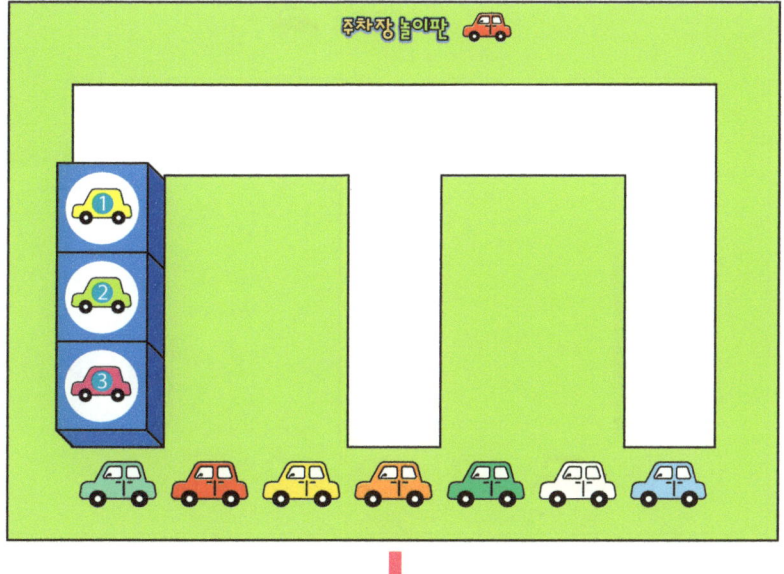

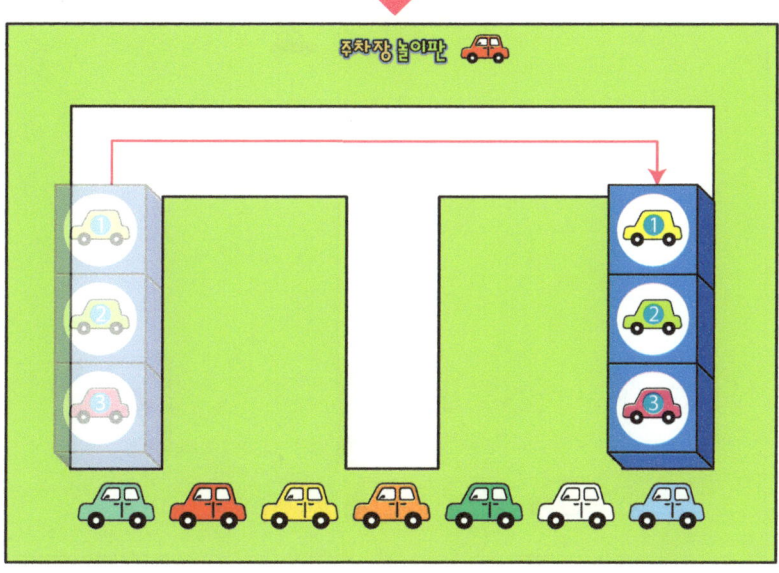

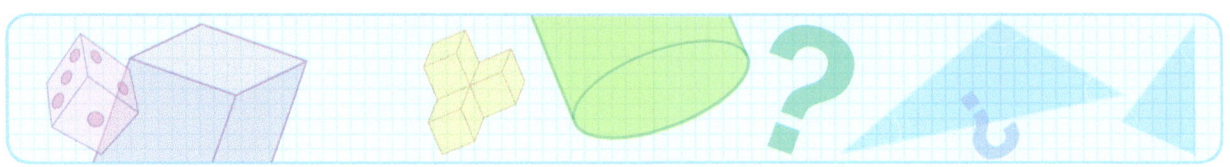

옮기는 방법

1. 먼저 자동차 숫자 블록 1을 끝쪽으로 옮긴다.

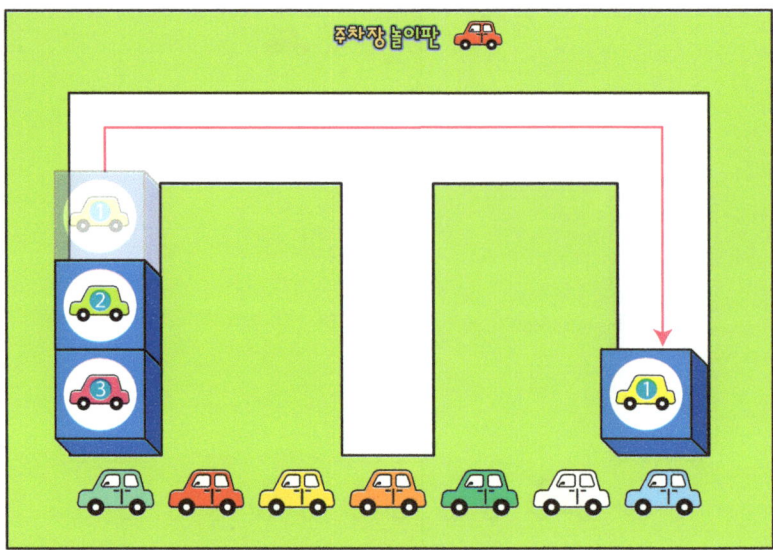

2. 다음으로 자동차 숫자 블록 2를 가운데로 옮긴다.

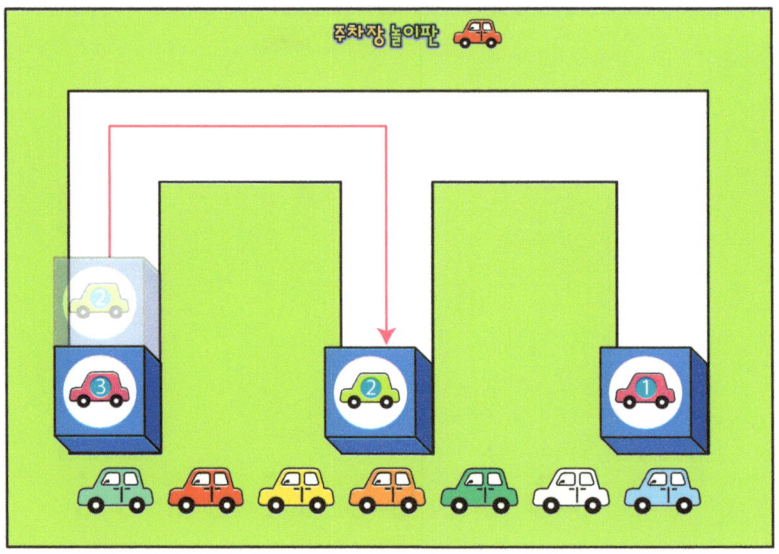

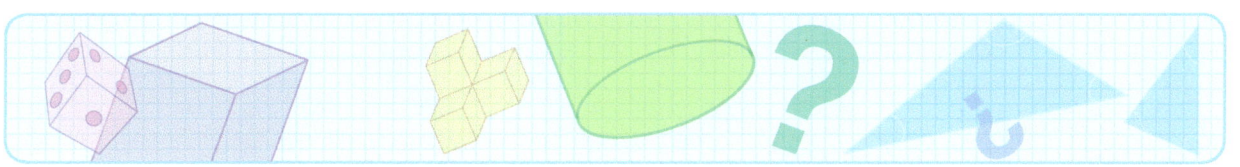

3. 다음으로 자동차 숫자 블록 1을 가운데 2자동차 숫자 블록 위로 옮긴다.

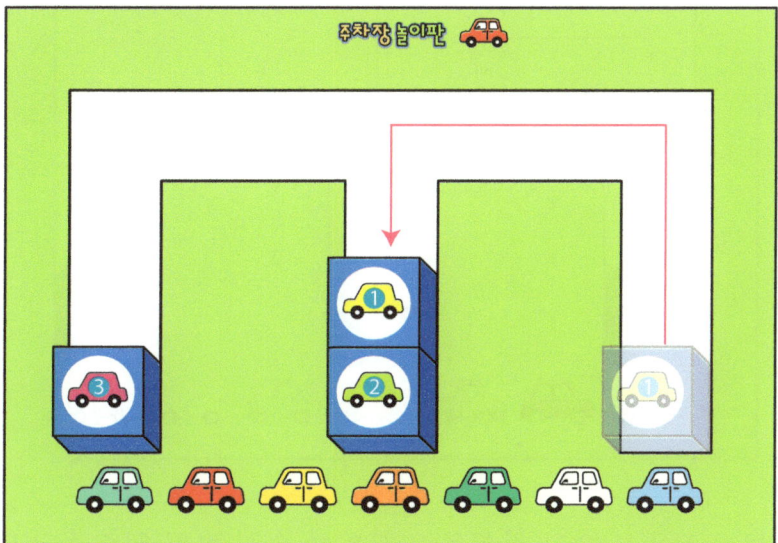

4. 다음으로 자동차 숫자 블록 3을 맨 끝쪽으로 옮긴다.

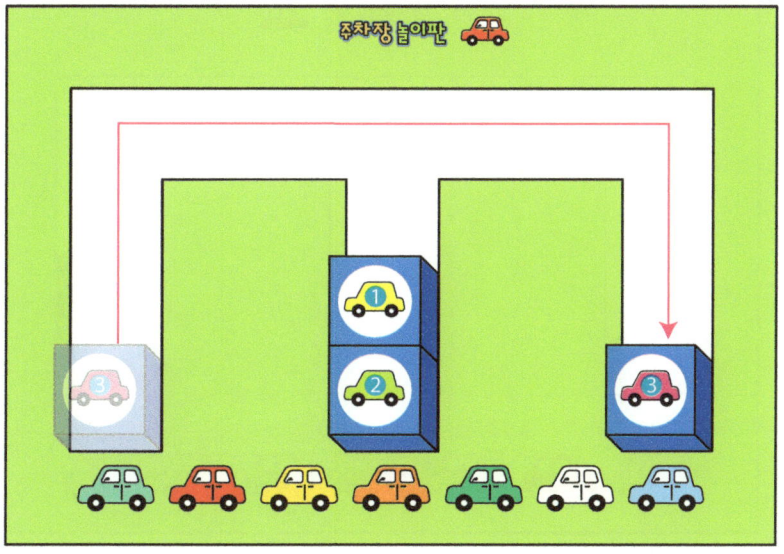

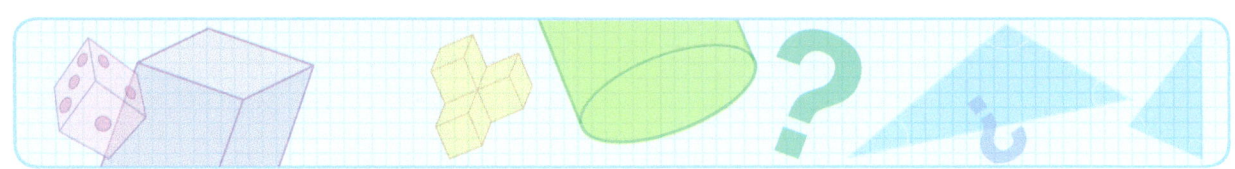

5. 다음으로 1 자동차 숫자 블록을 맨앞으로 옮긴다.

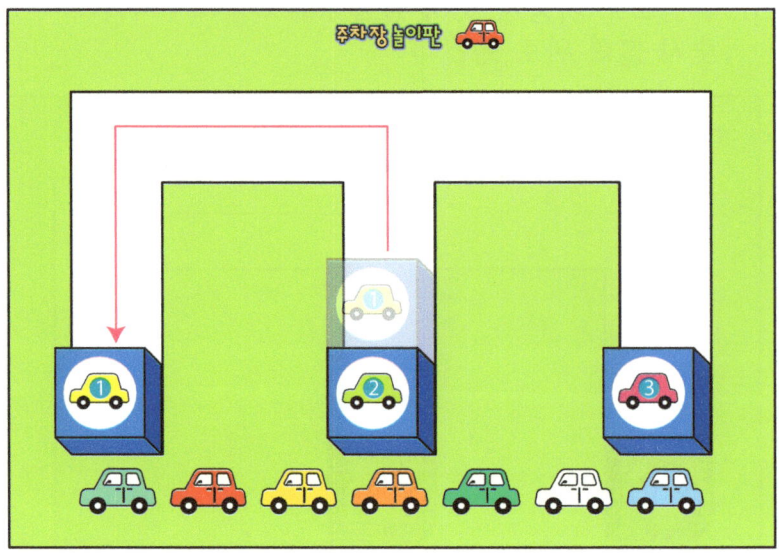

6. 다음으로 2 자동차 숫자 블록을 3 자동차 숫자 블록 위로 옮긴다.

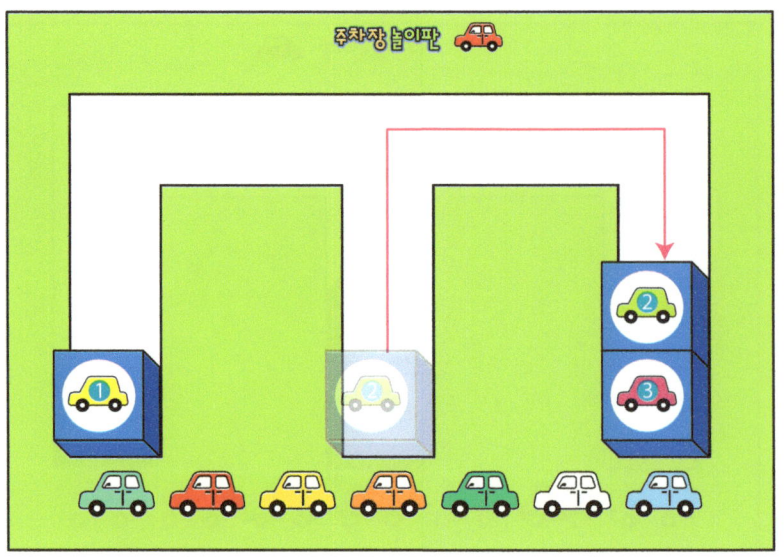

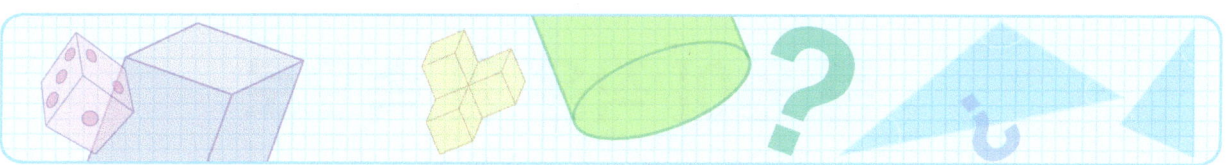

7. 다음으로 1자동차 숫자 블록을 2 자동차 숫자 블록 위로 옮긴다. 모든 블록이 1, 2, 3 순서대로 왼쪽에서 오른쪽으로 옮겨졌다.

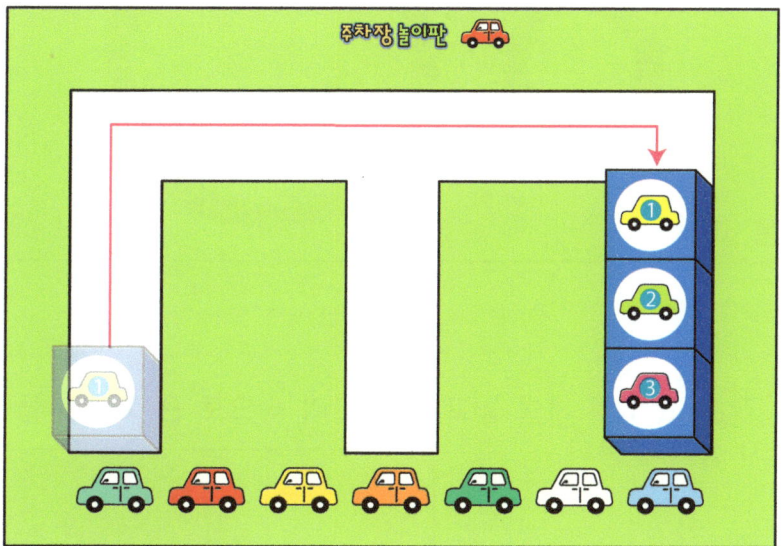

[Tip – 규칙 따라 가기]

컴퓨터는 정해진 규칙에 따라 작동한다. 규칙을 벗어나면 에러가 나고 원하는 결과가 나오지 않는다. 이러한 규칙은 컴퓨터뿐만 아니라 일상의 게임을 통해서도 익힐 수 있다.

큰 원이 작은 원 속으로

놀이목표
큰 고리가 작은 고리 속으로 들어가도록 한다.

준비물

큰 고리와 작은 고리

놀이방법
1. 큰 고리와 작은 고리 두 개를 놓고 작은 고리 속으로 큰 고리가 들어가는 방법이 무엇인지 생각해 본다.

지도사항

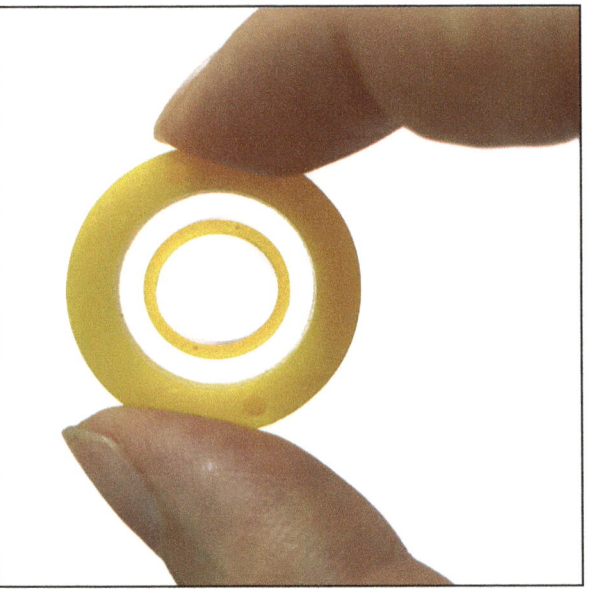

1. 정상적인 방법으로는 작은 고리 속으로 큰 고리가 들어 갈 수 없다.

2. 생각의 전환이 필요하다. 즉 큰 고리를 바닥에 놓고 작은 고리를 눈에 가까이 대고 보면 작은 고리를 통해서 큰 고리가 속으로 들어간 것을 볼 수 있다.

37 주사위 던지기

놀이목표

주사위를 6번 던져서 나오는 눈의 경우의 수 알기

준비물

지관

주사위 전개도

주사위 눈의수 표

주사위 던지기						
눈	·	··	···	::	::·	:::
횟수						

표시방법 : 바를 정(正)으로 할 것

예) 1번→ 一 2번→ 丁 3번→ 下 4번→ 正
5번→ 正 6번→正一 7번→正丁 ……

주사위 전개도, 지관, 주사위 눈의 수 표

놀이방법

1. 주사위를 만든 후 던진다.

2. 나오는 눈의 수를 주어진 표에 표시를 한다.
   (주어진 표에 표기를 할 때는 한자로 바를 정(正)자를 이용해 표시를 한다.)

   1번 : 一   2번 : 丁   3번 : 下   4번: 正   5번 :正

3. 여러명일 경우 돌아가면서 주사위를 던지고 표시를 한다.

4. 적어도 30번 이상을 던지고 표시를 한다.

5. 가능한 많이 던질수록 좋다. 약 100번 ?

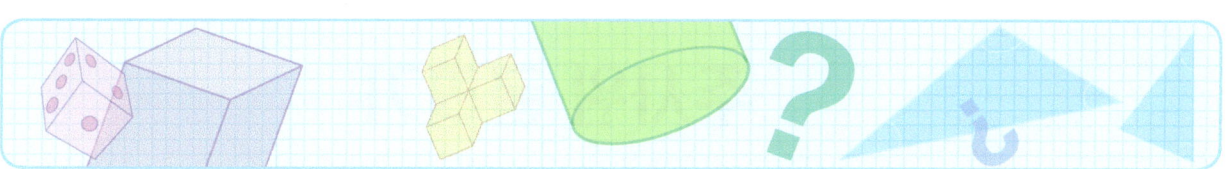

주사위 던지기

눈	•	••	•••	••••	•••••	••••••
횟수	正正一	正正	正下	正正丅	正正	正正

표시방법 : 바를 정(正)으로 할 것

예) 1번 → 一　　2번 → 丁　　3번 → 下　　4번 → 正
　　5번 → 正　　6번 → 正一　　7번 → 正丁 ……

지도사항

1. 주사위는 6면이 있고 각 면의 눈이 나올 확률은 1/6 이지만 이것은 이론적인 확률이다.

2. 주사위를 6번 던져서 1의 눈이 6번 다 나올 수도 있고 한번도 안나올 수도 있다.

3. 그러나 주사위의 면이 동일하다면 무수히 많이 던지면 한면의 눈이 나올 확률은 1/6에 가까워 지게 된다.

주사위 만들기

1. 주사위에 종이관을 넣고 주어진 테이프를 붙여 주사위를 완성한다.

2. 완성된 주사위를 관찰한다.

38 주사위 굴리기

놀이목표

주사위를 굴려 주사위 맨 위의 눈 추측하기

준비물

주사위 굴림놀이판

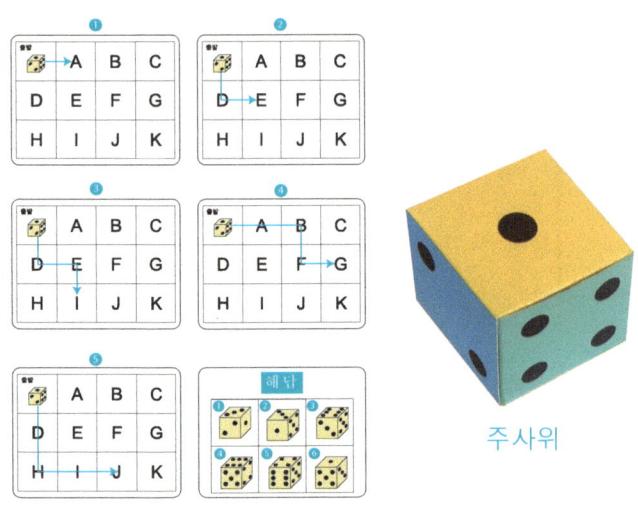
주사위 굴리기 카드
주사위

주사위, 주사위 굴림놀이판, 주사위 굴리기 카드

놀이방법

1. 주사위를 놀이판 위에 놓는다.

2. 주사위 굴리기 카드에 그려진 경로대로 주사위를 굴렸을 때의 주사위 맨 위의 눈의 개수를 추측해 본다.

3. 카드를 보고 카드의 경로대로 주사위를 굴려보면서 맨 위의 눈이 추측한 것과 같은지 확인한다.

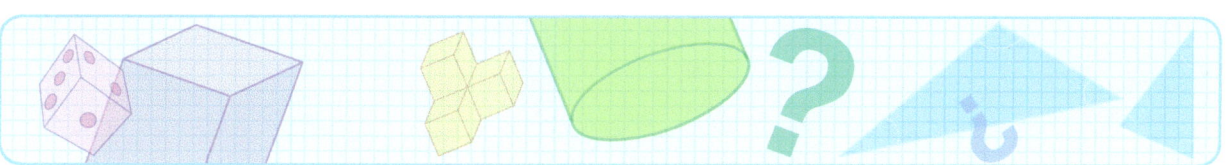

지도사항

1. 주사위는 마주 보는 눈의 합이 7이라는 것을 주사위를 보면서 확인시킨다.
2. 주사위 굴림 놀이판 위에 주사위를 놓도록 한다.
3. 이때 반드시 그림과 같이 맨 위의 눈은 1, 앞은 2, 오른쪽은 4의 눈이 위치하도록 놓는다.
4. 이 놀이는 아이에게 공간 지각을 향상시키는 학습효과를 목표로 하는 것이다

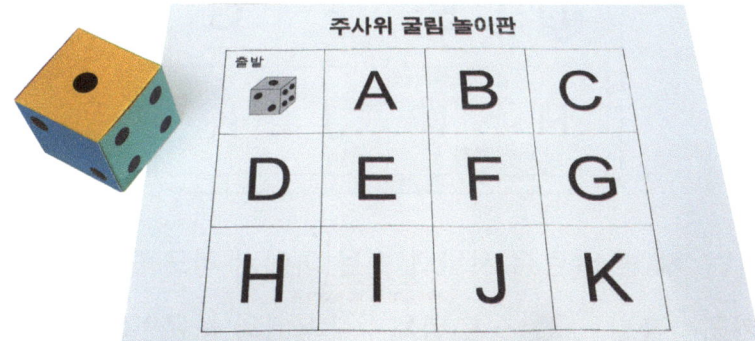

주사위 만들기

1. 주사위에 종이관을 넣고 주어진 테이프를 붙여 주사위를 완성한다.
2. 완성된 주사위를 관찰한다.

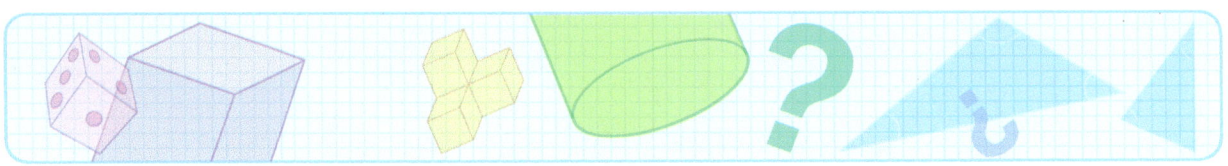

놀이순서

1. 처음에는 한 번 굴린 주사위의 눈을 이야기 하도록 한다.

　• **1**번 카드 : 출발 → A 위치 : 주사위의 눈은? (답 : 3)

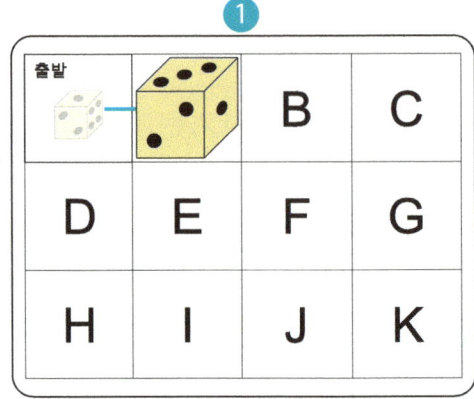

2. 다음에는 두 번, 세 번 굴린 주사위의 눈을 이야기 하도록 한다.

　• **2**번 카드 : 출발 → D → E 위치 : 주사위의 눈은? (답 : 3)
　• **3**번 카드 : 출발 → D → E → I 위치 : 주사위의 눈은? (답 : 6)

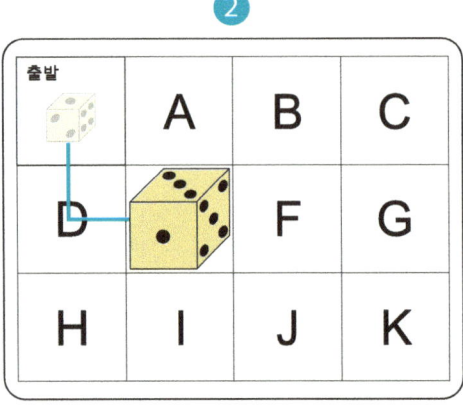
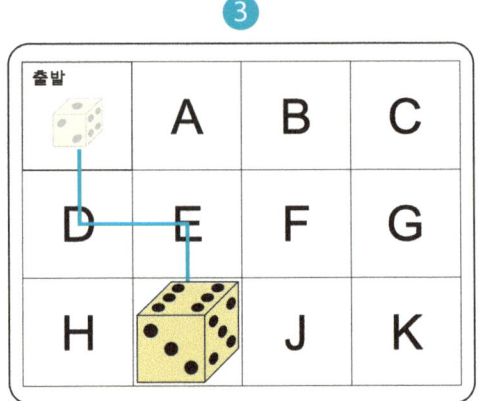

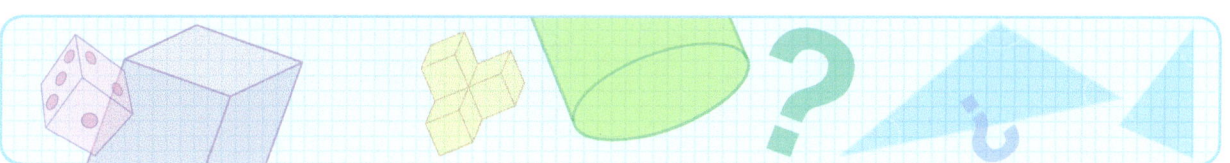

3. 다음에는 네 번 굴린 주사위의 눈을 이야기 하도록 한다.

- **4**번 카드 : 출발 → A → B → F → G 위치 : 주사위의 눈은? (답 : 4)
- **5**번 카드 : 출발 → D → H → I → J 위치 : 주사위의 눈은? (답 : 1)

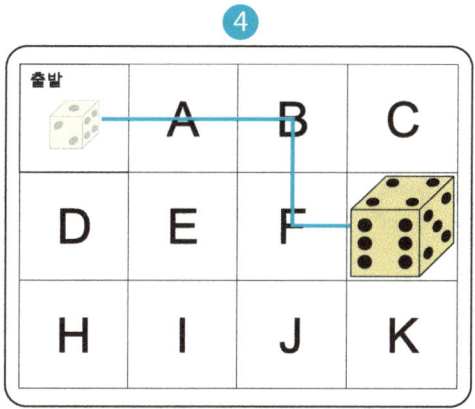

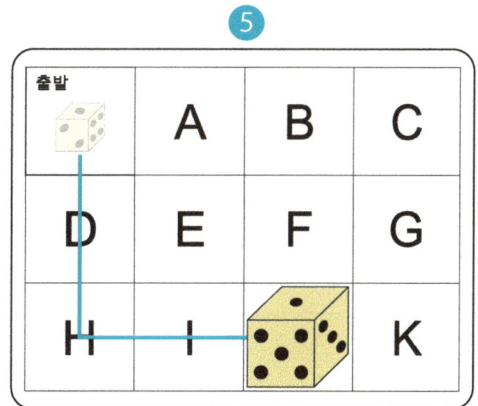

[Tip]

도착한 위치가 같아도 경로가 다르면 주사위 눈은 다르게 나온다.

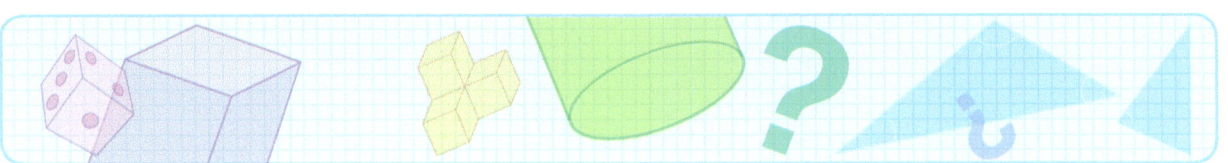

놀이의 예

- 출발 → A → E → I → J 위치 : 주사위의 눈은? (답 : 6)

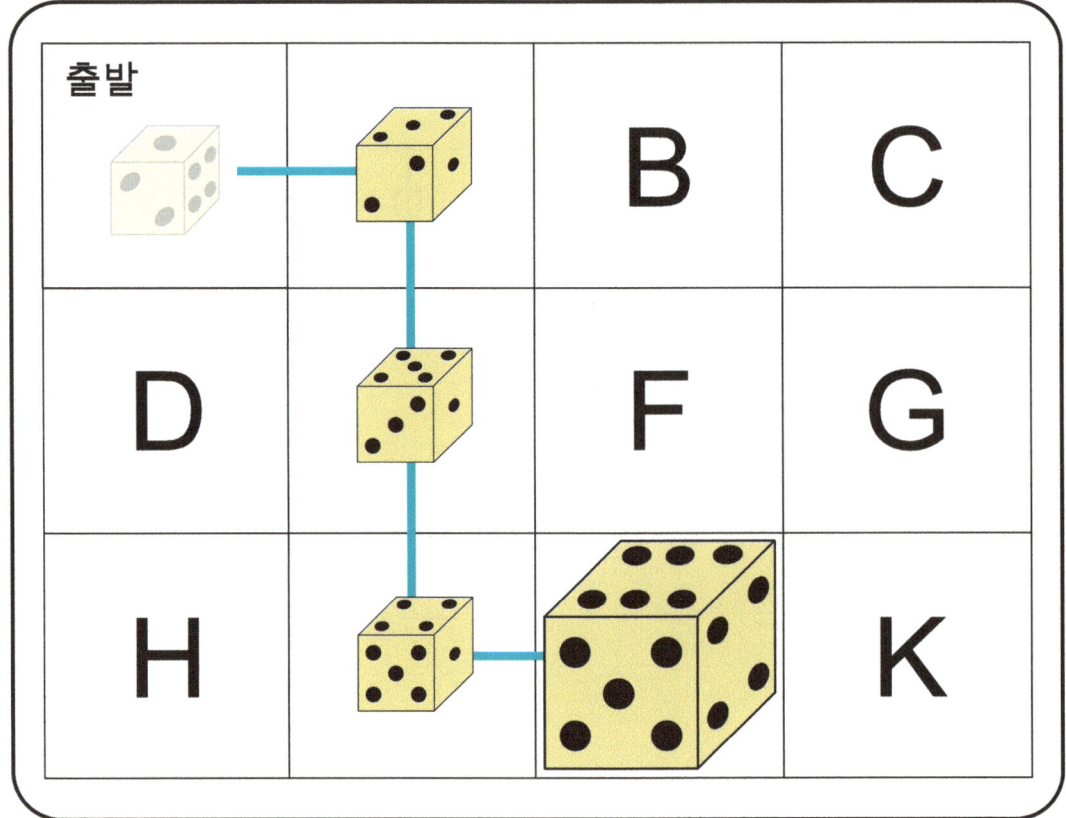

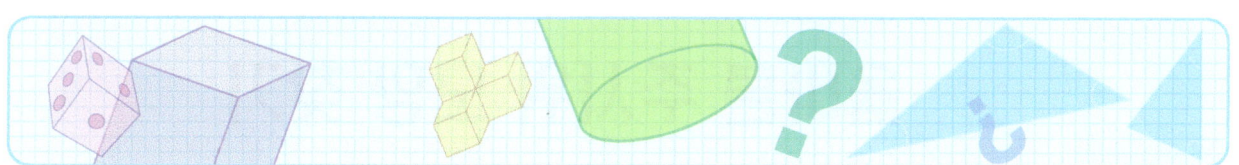

- 출발 → D → E → F → J 위치 : 주사위의 눈은? (답 : 6)

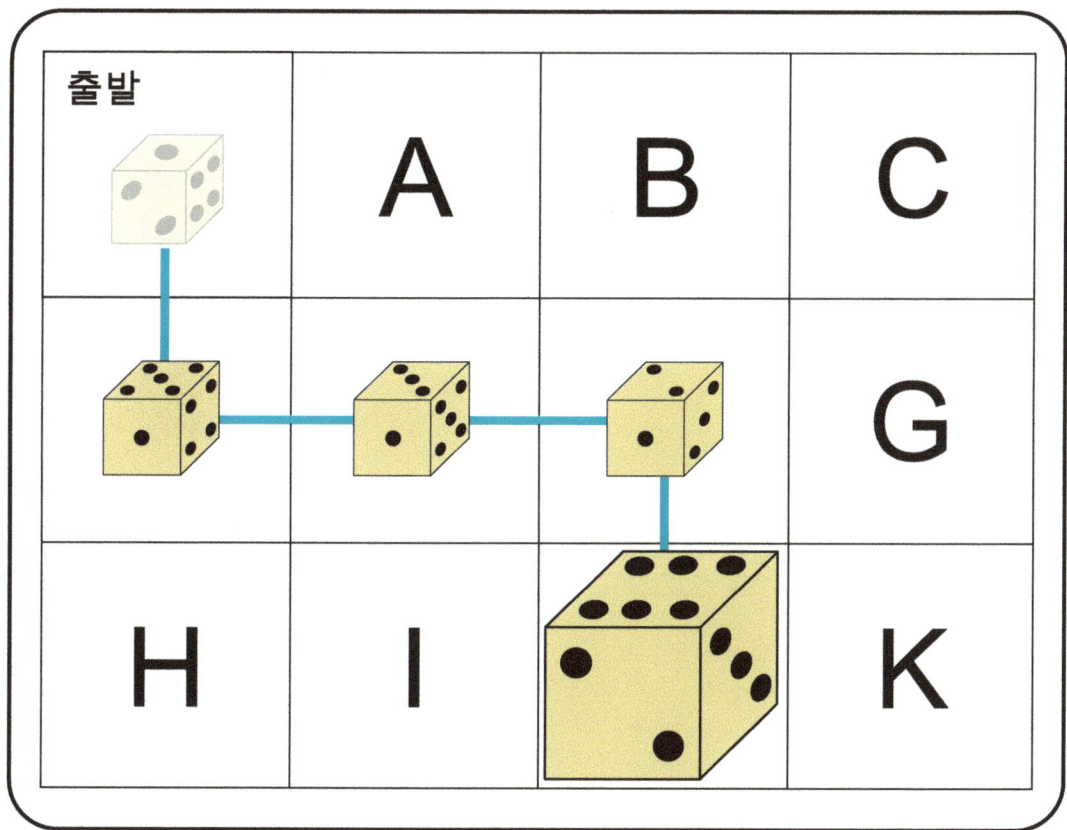

39 올바른 주사위 모양 찾기

놀이목표

주사위 모양을 보고 올바른 주사위 찾기

준비물

주사위

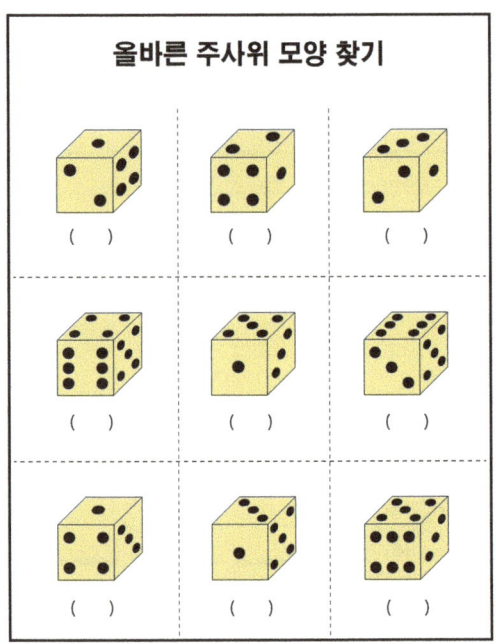

올바른 주사위 모양 찾기 표

주사위, 옳바른 주사위 모양 찾기 표

놀이방법

1. 만들어진 주사위를 관찰한다.
2. 올바른 주사위 모양찾기 표를 보고 실제 주사위와 비교하여 앞, 위, 옆에서 본 모양이 올바른 것에 ○표, 틀린 그림에는 X표 하도록 한다.

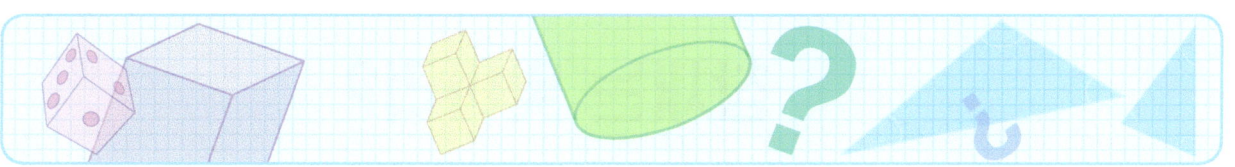

■ 올바른 주사위에 ○표, 틀린 주사위에 X표 하시오.

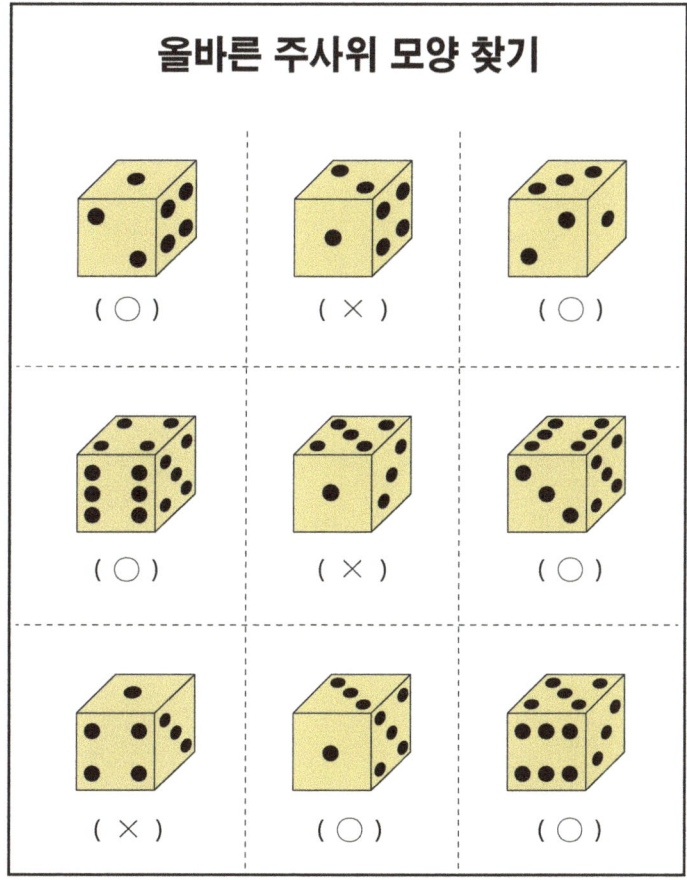

지도사항

1. 주사위의 마주 보는 눈의 합은 7이다
2. 주사위를 돌려가면서 앞, 위, 옆에서 본모양의 반대편에는 어떤 주사위 눈이 오는지 추측해 보도록 한다.

참새는 몇마리?

전깃줄에 참새는 몇 마리 남아 있을까?

준비물

없음

놀이방법

부모(교사)가 퀴즈를 내면 학생이 답을 하도록 한다.

1. 전깃줄에 참새 10마리가 앉아 있다.
2. 두 명의 포수가 참새를 향해 총을 한방씩 쏘았다.
3. 포수 한 명은 명중했고 한 명은 빗나갔다.
4. 전깃줄에 남은 참새는 몇 마리일까?

[Tip]

전깃줄에는 한 마리도 남아 있지 않다. 포수의 총에 맞지 않은 참새들도 놀라서 모두 날아갔다.

수학실험마당

쌓기나무 놀이

쌓기나무 개수세기

쌓기나무 옮기기

쌓기나무 모양 익히기

1 쌓기나무와 개수세기

놀이목표

쌓기나무 카드를 보고 쌓기나무의 개수 알아 맞추기

준비물

쌓기나무

카드

쌓기나무카드, 쌓기나무 8개

놀이방법

1. 문제 카드를 보고 쌓기나무의 개수가 몇 개인지 맞춰 본다.

2. 해답과 맞춰 본다.

3. 쌓기나무의 개수가 틀리면 카드에 있는 모양처럼 쌓아보면서 개수를 맞춰 본다.

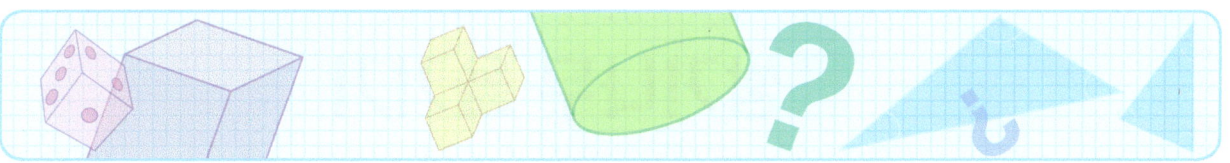

지도사항

1. 쌓기나무 문제카드와 같은 모양으로 만드는 것도 쉬운 것이 아니다.

2. 해답과 다른 경우 스스로 다시 해결하도록 한다.

3. 숨어있는 쌓기나무의 경우 난이도가 있으므로 실제 쌓기나무로 아이와 만들어 보며 이해시키도록 한다.

해답확인 예

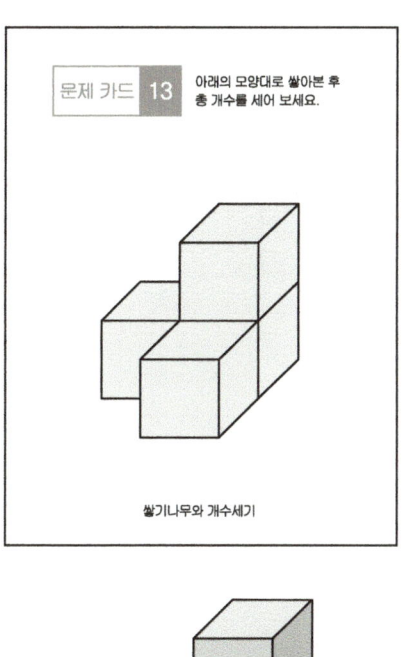
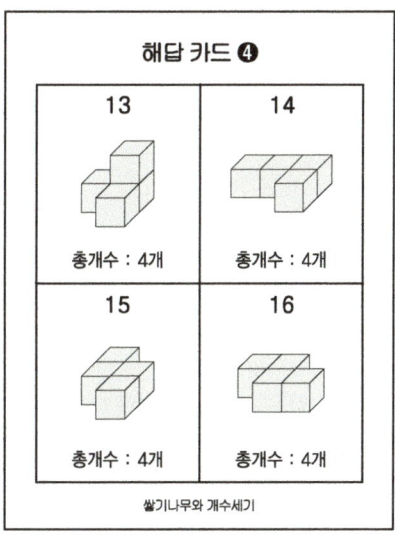

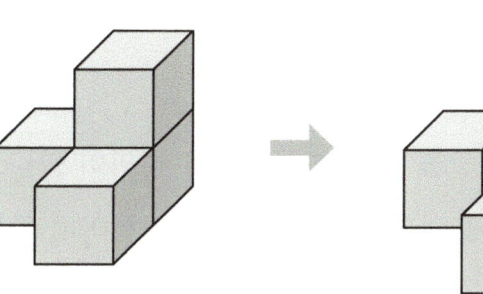

2 쌓기나무 옮기기

놀이목표

쌓기나무에서 노란색 쌓기나무만 한 번 움직여서 만든 모양을 찾아본다.

준비물

쌓기나무

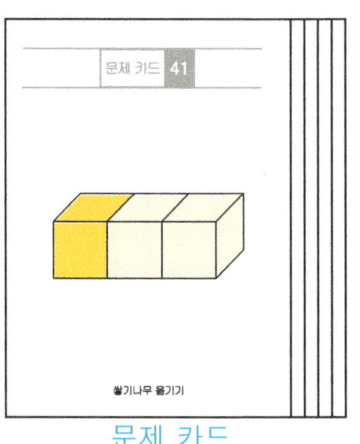
문제 카드

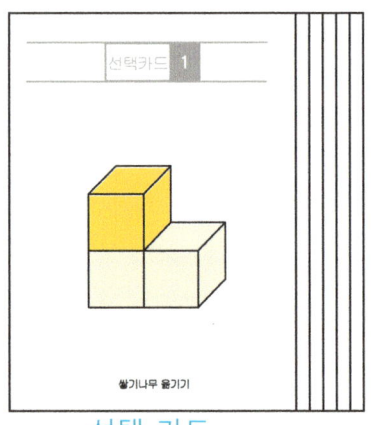
선택 카드

쌓기나무 문제카드, 선택카드, 쌓기나무 8개

놀이방법

1. 카드 30장을 모두 바닥에 내려 놓는다.

2. 기본 카드와 기본 카드의 노란색 쌓기나무를 옮겨서 나온 선택카드 2장을 모은다.(이때 모은 3장의 카드를 뒤집으면 무늬가 같아야 한다.)

3. 3장씩 모은 카드는 총 10종류이다. 3장씩 카드를 뒤집어서 무늬가 같은지 확인한다.

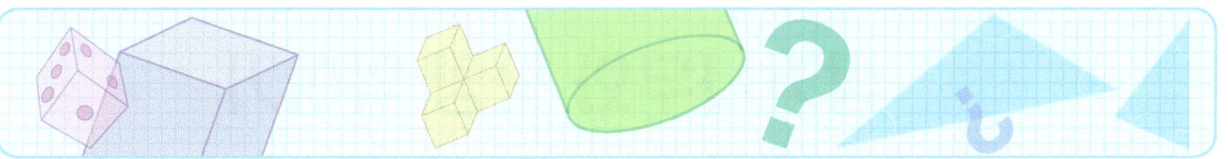

지도사항

1. 먼저 카드로만 문제를 해결하도록 한다.
2. 카드 모양대로 쌓기나무를 만들어 확인하며 놀아본다.
3. 주어진 문제 외에 아이가 새로운 모양의 문제를 만들어 볼 수도 있다.

해답확인 예

문제 카드 　　　노란색 나무를 옮겨서 나온 선택카드

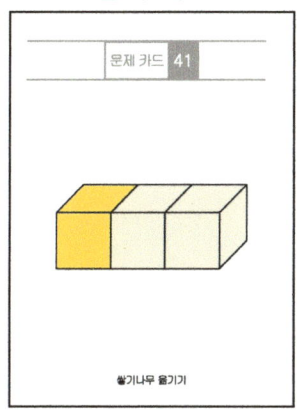 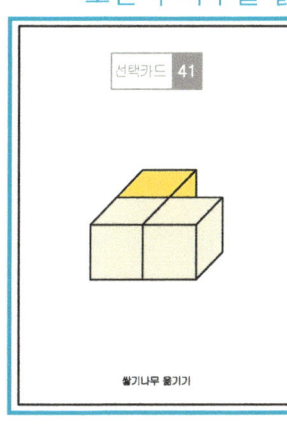 

뒷면 – 해답이 맞으면 뒷면의 무늬가 똑같다.

수학실험마당 • 153

3 쌓기나무와 모양 익히기

놀이목표

쌓기나무의 앞, 위, 옆에서 본 모양의 카드를 모은다.

준비물

쌓기나무

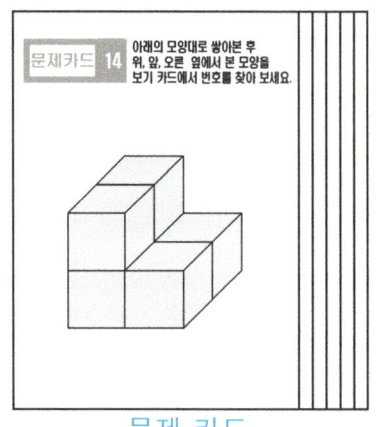
문제 카드

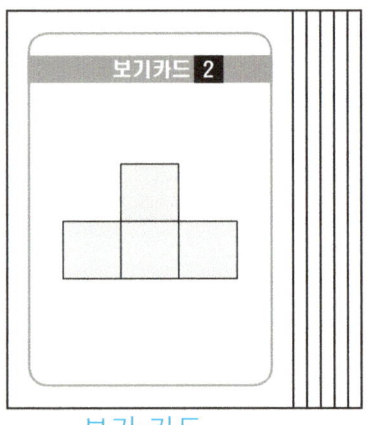
보기 카드

쌓기나무카드, 쌓기나무 8개

놀이방법

1. 문제 카드의 모양을 보고 보기 카드에서 앞, 위, 옆에서 본 모양을 각각 찾아 본다.
2. 문제 카드 뒷면의 해답과 보기 카드 모양이 일치하는지 맞춰본다.
3. 해답과 틀리면 문제 카드의 모양대로 쌓기나무를 쌓아 본 후 앞, 위, 옆에서 본 모양이 ①번에서 찾은 보기 카드의 모양과 같은지 비교한다.

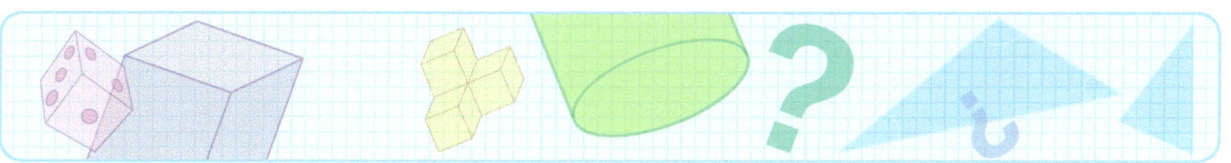

지도사항

1. 문제 카드와 보기 카드를 아이가 찾기 쉽도록 분리하여 놓는다.
2. 해답과 다른 경우 스스로 다시 해결하도록 한다.
3. 부모(교사)가 새로운 모양의 문제를 만들어 볼 수도 있다.

해답확인 예

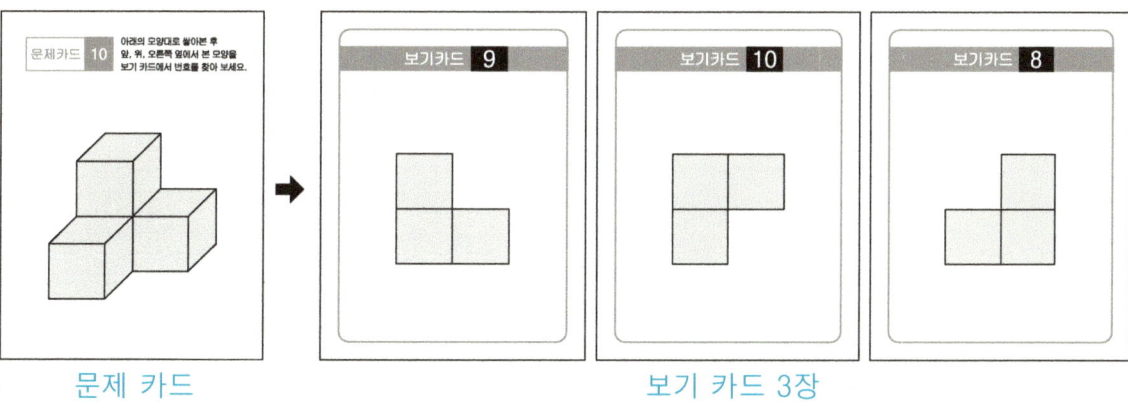

문제 카드 → 보기 카드 3장

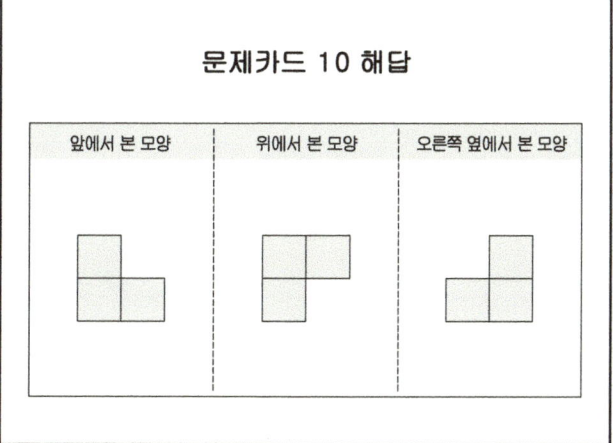

뒷면 해답과 맞추기

눈으로 풀면 머리에 스쳐가고
손으로 놀면 머리가 기억한다.

교재 교구 소개

- **수학실험마당**
  탐구놀이 : 1-40
  　　부록 : 색깔나무 놀이
- **수학실험마당**
  사고놀이 : 1-40
  　　부록 : 거울 놀이
- **아주 쉬운 코딩놀이 1**
- **아주 쉬운 코딩 놀이 수학 1. 2**
- **아주 쉬운 코딩놀이 2**
- **아주 쉬운 코딩 놀이 수학 3. 4**

아이와 함께 하는 40가지 수학놀이

수학실험마당
탐구놀이

1
1. 정육면체 관찰하기 ············ 12
2. 정육면체 만들기 ············ 14
3. 정육면체의 회전 ············ 18
4. (쉬어가는 코너) 마음속의 숫자 ············ 23

2
5. 강 건너기 ············ 26
6. 뾰족한 산이 둥근 산으로 ············ 32
7. 4×4숫자 가리기 ············ 34
8. (쉬어가는 코너) 숫자 2는 몇개? ············ 38

3
9. 삼각형의 세각을 연결하면? ············ 40
10. 원통 위의 짧은 길 찾기 ············ 46
11. 짝수의 비밀 ············ 48
12. 리버시 게임 ············ 54

4
13. 두조각 같은 모양으로 나누기 ············ 60
14. 하노이컵 옮기기 ············ 66
15. 논리적으로 이야기하기 ············ 70
16. 정사각뿔 만들기 ············ 74

5
17. 별모양 숫자 자르기 ············ 78
18. 고누 놀이 ············ 82
19. 원뿔 궤적 만들기 ············ 86
20. 야구 경기에서 우승하려면? ············ 90

6
21. 사다리꼴 네 배로 만들기…………96
22. 점 잇기…………98
23. 나인 도트 게임…………102
24. 사라진 사각형 …………104

7
25. 삼각동전 6개 옮기기…………110
26. 삼각동전 10개 옮기기…………112
27. 라틴 방진 만들기…………114
28. 동전 던지기 …………118

8
29. 신호 만들기…………122
30. 정육면체로 정삼각형 단면 만들기…………132
31. 정육면체로 직사각형 단면 만들기…………134
32. 정삼각형 두 개 만들기 …………136

9
33. 원 그리기…………138
34. 십자가와 정사각형…………142
35. 구멍 뚫린 정사각형과 팔각형…………144
36. 구불구불 언덕길…………146

10
37. 정사가형 네 조각 넣기…………150
38. 모양의 합성(사각별 팽이)…………154
39. 색종이 두 번 접어 오리기…………156
40. (쉬어가는 코너)성벽 빠져 나가기…………161

부록 색깔나무 놀이

01. 색깔나무 수세기…………162
02. 색깔나무와 위치알기…………164
03. 색깔나무 추측하기…………166

아이와 함께 하는 40가지 수학놀이
수학실험마당
사고놀이

1
1. 원기둥 관찰하기 ············ 12
2. 원기둥의 회전 ············ 14
3. 원기둥 자른면 알기 ············ 18
4. 님게임 ············ 20

2
5. 시저 암호문 만들기 ············ 26
6. 오래도는 팽이 ············ 32
7. 고리 세조각 자르기 ············ 34
8. 고리 자르기 ············ 36

3
9. 마방진 만들기 ············ 40
10. 세자릿수 만들기 ············ 44
11. 마방진 숫자 가리기 ············ 47
12. (쉬어가는 코너) 순서대로 정렬하기 ············ 51

4
13. 비이커 물 4 만들기 ············ 54
14. 유리 구슬 부피 알기 ············ 60
15. (쉬어가는 코너) 물의 양 절반 채우기 ············ 66
16. 뫼비우스의 삼각띠 ············ 70

5
17. 소마큐브 만들기 ············ 72
18. 신기한 쌓기나무 십자가 ············ 76
19. 구멍 뚫린 쌓기나무 ············ 80
20. 나비 날리기 ············ 84

6
21. 점 3개를 직선으로 연결하기…………88
22. 좌표찾기…………92
23. 삼각형의 무게중심 그리기…………96
24. 무게중심 들어 올리기 …………99

7
25. 점카드의 비밀…………102
26. 스핑크스 네배로 만들기…………106
27. 눈금없는 막대놀이…………108
28. 비밀카드 놀이 …………112

8
29. 크기가 반인 정사각형 그리기…………116
30. 정육각형 그리기…………120
31. 타원 그리기…………124
32. 정사각형으로 정사각형 만들기 …………128

9
33. 펜토미노 만들기…………132
34. 삼각기둥 모양놀이…………138
35. 가장 많게 보이기…………142
36. 사라진 직선…………147

10
37. 정팔면체 만들기…………150
38. 팔면체의 회전 …………154
39. 정육면체로 사다리꼴 단면 만들기…………158
40. 병아리와 강아지…………160

부록 거울 놀이
01. 어떤 사물일까요?…………164
02. 어떤 알파벳과 숫자일까요?………168
03. 평면도형의 대칭…………172

코딩 놀이 단행본 종류

아주 쉬운 코딩 놀이는 언플러그드 활동 중심 코딩 교사 지침서입니다.

아주 쉬운 코딩 놀이 수학 1. 2는 아주 쉬운 코딩 놀이 지침서의 내용을 학생들이 쉽게 풀 수 있도록 문제 형식으로 제작한 학생용 코딩 워크북입니다.

아주 쉬운 코딩 놀이수학 １

워크북

1. 이진법 알기
2. 이진법 비밀 카드
3. 숫자로 그림 그리기
4. 짝수의 비밀
5. 정렬 네트워크
6. 학교 가기

아주 쉬운 코딩 놀이수학 ２

워크북

1. 바둑돌 놓기
2. 무늬 블록 돌리기
3. 암호문 풀기
4. 코딩 모양 타일
5. 순서도
6. 비행기 놀이

코딩 놀이 단행본 종류

아주 쉬운 코딩 놀이 2는 언플러그드 활동 중심 코딩 교사 지침서입니다.

아주 쉬운 코딩 놀이 수학 3. 4는 아주 쉬운 코딩 놀이 2 지침서의 내용을 학생들이 쉽게 풀 수 있도록 문제 형식으로 제작한 학생용 코딩 워크북입니다.

아주 쉬운 코딩 놀이 수학 3

워크북

1. 데이터 검색
2. 선택 정렬
3. 퀵 정렬
4. 신호 만들기
5. 전기 회로 불켜기
6. 가로등 불켜기

아주 쉬운 코딩 놀이 수학 4

워크북

1. 데이터 입력 삭제
2. 이진 트리
3. 기호 만들기
4. 데이터 줄이기
5. 최적화 네트워크
6. 안테나 설치

수학 실험 마당-재미놀이

초판 발행일 : 2020년 8월 10일

지은이 : 한버공
펴낸 곳 : 청송문화사
　　　　　서울시 중구 수표로 2길 13
홈페이지 : www.kidzone.kr
E-mail : kidlkh@hanmail.net
전화 : 02-2279-5865
팩스 : 02-2279-5864
등록번호 : 2-2086 / 등록날짜 : 1995년 12월 14일

가격 : 22000원
잘못 인쇄된 책은 서점이나 본사에서 바꿔 드립니다.

본 교재의 독창적인 내용은 저작권법에 의하여 보호받고 있습니다.

실물 교구와 재료를 이용하여
다양한 놀이와 수학실험을 하면
재미있고 흥미로운 놀이 학습이 될 뿐만 아니라
수학의 기초 원리를 자연스럽게 몸으로
익히게 되는 계기가 됩니다.

자세한 사항은 이메일이나 전화 문의 바랍니다.